国际经贸规则、质量发展与标准研究

刘伟丽　姚歆◎编著

中国商务出版社
CHINA COMMERCE AND TRADE PRESS

图书在版编目（CIP）数据

国际经贸规则、质量发展与标准研究 / 刘伟丽，姚歆编著 . — 北京：中国商务出版社，2022.8
ISBN 978-7-5103-3571-6

Ⅰ. ①国… Ⅱ. ①刘… ②姚… Ⅲ. ①进出口贸易商用规则—研究 Ⅳ. ① F746

中国版本图书馆 CIP 数据核字 (2020) 第 197860 号

国际经贸规则、质量发展与标准研究
GUOJI JINGMAO GUIZE、ZHILIANG FAZHAN YU BIAOZHUN YANJIU
刘伟丽　姚歆　编著

出版发行：	中国商务出版社
社　　址：	北京市东城区安定门外大街东后巷 28 号　　邮　编：100710
网　　址：	http://www.cctpress.com/
责任编辑：	汪沁
电　　话：	010-64212247（总编室）　010-64515163（融媒事业部）
	010-64208388（发行部）
印　　刷：	宝蕾元仁浩（天津）印刷有限公司
开　　本：	710 毫米 × 1000 毫米　1/16
印　　张：	12.75
版　　次：	2022 年 9 月第 1 版　　　　　印　次：2022 年 9 月第 1 次印刷
字　　数：	200 千字　　　　　　　　　　定　价：78.00 元

版权所有　侵权必究　盗版侵权举报可发邮件至 cctp@cctpress.com
购买本社图书如有印装质量问题，请与本社印制部（电话：010-64248236）联系

前　言

当前，中国已与多个国家或地区签署了自由贸易协定，这些自由贸易协定辐射"一带一路"沿线，立足周边，面向全球，既有包括东盟成员的周边国家，也有"一带一路"沿线国家，如巴基斯坦、格鲁吉亚，以及拉美的秘鲁、智利等国家。中国构建的自贸区网络既包括发达国家，如澳大利亚，也包括不少发展中国家。自由贸易协定为我国开展国际贸易、进行投资合作提供了广阔的空间，在我国对外贸易投资关系的发展中发挥了重要的推动作用。本书的研究数据主要来自与中国签署的14个自由贸易协定和1个优惠贸易协定的文本，以及公开的汽车行业和食品行业质量损失的相关案例资料等。

首先，本书借鉴传统国际贸易比较优势理论，创新地提出了"质量比较优势"，并按照质量要素进行分解，构建了基于质量比较要素的多因素比较优势模型。随着国际贸易的不断发展以及国际分工的不断变化，产品的比较优势不再局限于要素禀赋和相对价格，更多与产品相关的因素诸如技术进步、生态保护、知识产权等都应加入比较优势的考量之中。而这些新的要素，都可以归纳到产品的质量层面，基于质量的比较优势需要得到重视。传统比较优势模型依然可以应用于质量的比较优势中，基于质量比较优势要素的多因素模型是传统比较优势模型的扩展。国际分工方案需要通过对比不同质量要素比较优势带来的福利变化，再根据各国国情以及国家间的博弈来确定。按照质量比较优势来制定国家的贸易和经济发展战略时需要注意避免陷入"质量比较优势陷阱"。质量比较优势战略的实施有利有弊，各国应以本国国情为主，避免长期陷入生产低附加值产品的局面。

其次，对中国签署的14个自由贸易协定以及1个优惠贸易协定中的质量相关内容进行了梳理与归纳。再次，对梳理的文本内容进行分析，并根据质量要素总结出国际贸易协定与质量的关系，国际贸易协定的签订对产品质量、服务贸易质量、质量标准提升、认证认可活动、环境质量和知识产权质量都有直接或者间接的促进作用，并且贸易协定对不同机制的影响存在差异，其对服务贸易质量的发展尤为重要，是服务贸易发展的关键和载体；对于传统的产品质量、质量标准提升和认证认可活动，国际贸易协定主要通过降低成本和推动改革来实现；对于当今社会重视的环境质量和知识产权质量，国际贸易协定则起到了国际规则协调及完善的作用。本书选取了与汽车行业和食品行业质量损失相关的案例，具体地说明国际贸易与质量的关系，并提出相关政策建议。

最后，从国际商会、国际标准化组织、世界贸易组织等国际组织的角度研究国际经贸规则及其最新发展趋势，主要包括国际贸易惯例规则、主要标准体系和战略规则、世界贸易组织机制。

感谢参与书稿撰写和资料收集整理工作的深圳大学团队成员：赵俊、杨景院、张涵、李佳豪、陈腾鹏、常海青等。

目 录

第一章　国际质量比较优势 1
　　一、传统比较优势视角 1
　　二、比较优势基本模型 2
　　三、质量比较优势 3
　　四、基于质量要素的多因素比较优势模型 5
　　五、质量比较优势陷阱 8

第二章　梳理贸易规则中与质量相关的内容 15
　　一、《内地与香港关于建立更紧密经贸关系的安排》 15
　　二、《内地与澳门关于建立更紧密经贸关系的安排》 19
　　三、《中国—智利自由贸易协定》 25
　　四、《中国—巴基斯坦自由贸易区服务贸易协定》 30
　　五、《中国—新西兰自由贸易协定》 32
　　六、《中国—新加坡自由贸易协定》 34
　　七、《中国—秘鲁自由贸易协定》 40
　　八、《中国—哥斯达黎加自由贸易协定》 47
　　九、《中国—冰岛自由贸易协定》 54
　　十、《中国—瑞士自由贸易协定》 58
　　十一、《中国—韩国自由贸易协定》 64
　　十二、《中国—澳大利亚自由贸易协定》 77
　　十三、《中国—格鲁吉亚自由贸易协定》 89
　　十四、《中国—东盟全面经济合作框架协议》 96
　　十五、《亚太贸易协定》 96

第三章　国际贸易协定与质量的关系 99
　　一、国际贸易协定与质量发展 99

  二、国际贸易协定与服务贸易质量 …… 104
  三、国际贸易协定与质量标准 …… 108
  四、国际贸易协定与认证认可 …… 109
  五、国际贸易协定与环境质量 …… 111
  六、国际贸易协定与知识产权质量 …… 112

第四章 贸易冲突中的质量问题及损失测度 …… 115
  一、案例研究方法 …… 115
  二、汽车行业质量损失案例研究 …… 116
  三、汽车行业案例小结 …… 124
  四、食品行业的质量损失案例 …… 124
  五、食品行业案例小结 …… 127
  六、结论 …… 127
  七、政策建议 …… 128

第五章 主要国际组织的国际经贸规则 …… 129
第一节 国际商会的贸易规则 …… 129
  一、国际商会情况介绍 …… 129
  二、世界贸易和国际规则 …… 133
  三、贸易惯例的规则 …… 141
  四、国际商会的组织机构 …… 148
  五、最新发展趋势 …… 150

第二节 国际标准化组织 …… 160
  一、联合国可持续发展目标 …… 160
  二、最新发展 …… 161
  三、伦敦宣言 …… 161
  四、管理体系标准 …… 162
  五、四大重要管理体系 …… 163
  六、国际标准化组织战略2030 …… 164

第三节　世界贸易组织规则 ········· 165
一、世界贸易组织概述 ············· 165
二、世界贸易组织协议 ············· 167
三、世界贸易组织机制 ············· 175
四、世界贸易组织规则发展趋势 ······· 178

附录一　汽车行业质量损失案例表 ······· 185

附录二　食品行业质量损失案例表 ······· 189

参考文献 ························· 191

第一章　国际质量比较优势

一、传统比较优势视角

传统的比较优势是国际贸易理论发展的基础。回顾近现代的历史，比较优势起源于国家之间发生的贸易关系。18世纪70年代，亚当·斯密在其代表著作《国富论》中首先提出了国际分工与自由贸易的理论，并以此为基础凝练出了绝对优势理论。他认为，两个国家可以生产两种商品，一个国家生产某种不同的商品所花费的成本绝对低于另一个国家，因而这个国家在生产此商品上具有绝对优势。国际贸易流向因此而确定：一个国家出口具有绝对优势的商品，进口具有绝对劣势的商品。绝对优势理论从劳动分工原理出发，第一次论证了贸易互利性原理，扭转了重商主义者的国际贸易只对单方面有利的看法。

随着国际贸易的不断深入发展，各国经济增长的方式发生了转变，绝对优势理论也不再能够解释当前的国际分工格局。大卫·李嘉图适时而出，在绝对成本说的基础上提出了比较优势学说，进一步完善了古典学派的国际贸易理论体系。他认为，决定国际贸易的因素是两个国家产品的相对劳动成本，而不是生产这些产品所需要的绝对劳动成本。一方面，即使一国在所有的产品上处于完全的绝对成本优势，也不应该全部进行生产，而是应该有选择地生产更有相对优势的产品，这样通过国际贸易获得的利益更大；另一方面，即使一国在所有的产品上都处于完全的绝对成本劣势，也应该有选择地生产具有相对优势地产品，这样从国际贸易中也能获利。比较优势学说进一步揭示了国际贸易所具有的互利性和国际分工的必要性，自其创立以来，一直被西方国际经济学界奉为圭臬，并成为国际贸易分工理论发展的主心骨。即使在当代，比较优势学说也是国际贸易理论研究的逻辑起点。

然而，按照"赫克歇尔—俄林模型"（H-O模型），国际贸易将导致各国生产要素的相对价格和绝对价格趋于均等化，从而意味着产品的价格均等化，产品将会失去比较优势。这对比较优势学说提出了挑战，学界开始呼唤研究新的比较优势要素。20世纪80年代，依据当时国际分工的变化，迈克尔·E.

波特（Michael E.Porter）提出了建立在比较优势之上的竞争优势理论，将更多与产品相关的因素，诸如技术进步、生态保护、知识产权等加入比较优势的考量之中。而这些新的因素，都可以归纳到产品的质量层面。结合比较优势理论和竞争优势理论，本书将引入质量比较优势概念，并将产品质量按要素进行分解，探讨质量如何通过比较优势来影响国际贸易。

二、比较优势基本模型

1. 模型假设[①]

（1）有两个国家（本国和外国）。

（2）每个国家生产两种商品（如葡萄酒和奶酪）。

（3）劳动是唯一的生产要素。

（4）每个国家的劳动总供给是固定的。

（5）每个国家的劳动生产率是固定的。

（6）两国间的劳动力不能相互流通。

（7）规模报酬递增。

2. 单一要素经济

本文用单位产品劳动投入来表示劳动生产率。单位产品劳动投入指生产一单位产品所需要投入的劳动小时数。令 a_{LW} 为生产葡萄酒的单位产品劳动投入（如 $a_{LW}=2$，即一个劳动者生产1加仑葡萄酒需要2小时的劳动）。令 a_{LC} 为生产奶酪的单位产品劳动投入（如 $a_{LC}=1$，即一个劳动者生产1磅奶酪需要1小时的劳动）。令 L 为本国的全部资源，即劳动总供给（如 $L=120$，是指该经济社会有120劳动小时数，即120个劳动者）。

一个经济社会的生产可能性边界表示了在奶酪产量给定时葡萄酒的最大可能产量，同时也表示了在葡萄酒产量给定时奶酪的最大可能产量。

本国的生产可能性边界可用式1-1表示：

$$a_{LC}Q_C + a_{LW}Q_W = L \quad （式1-1）$$

从上述例子中，我们可以得出：

$$Q_C + 2Q_W = 120 \quad （式1-2）$$

[①] 王世军. 综合比较优势理论与实证研究[D]. 浙江大学, 2006.

每种商品生产的数量是由其价格决定的。用商品 Y（葡萄酒）来衡量的商品 X（奶酪）的相对价格，即能用来交换一单位商品 X（奶酪）的商品 Y（葡萄酒）的数量。

令 P_C 为奶酪的美元价格，P_W 为葡萄酒的美元价格，ω_W 为葡萄酒部门每小时工资率，ω_C 为奶酪部门每小时工资率。在市场完全竞争中，非负利润要求会导致以下结果。

- 如果 $P_W / a_{LW} < \omega_W$，则该国不会生产葡萄酒。
- 如果 $P_W / a_{LW} = \omega_W$，则该国会生产葡萄酒。
- 如果 $P_C / a_{LC} < \omega_C$，则该国不会生产奶酪。
- 如果 $P_C / a_{LC} = \omega_C$，则该国会生产奶酪。

上述关系式表明如果奶酪的相对价格（P_C / P_W）超过了其机会成本（a_{LC} / a_{LW}），那么该国会专门生产奶酪。在没有国际贸易的情况下，两种商品都会生产，因此 $P_C / P_W = a_{LC} / a_{LW}$。

3. 绝对优势

当一个国家能够以少于其他国家的劳动投入生产出同样单位商品时，该国在生产这种商品上具有绝对优势。

假设 $a_{LC} < a_{LC}^*$，并且 $a_{LW} < a_{LW}^*$（带 * 号表示外国），则意味着本国在生产这两种商品上均具有绝对优势，或者说本国生产这两种商品的劳动生产率均比外国高。即使本国在生产这两种商品上均具有绝对优势，贸易仍能互惠。

4. 比较优势

假设 $a_{LC} / a_{LW} < a_{LC}^* / a_{LW}^*$，意味着本国生产奶酪的机会成本（以葡萄酒来衡量）小于外国。换句话说，如果两国间没有贸易，本国奶酪的相对价格低于外国奶酪的相对价格。本国在生产奶酪上具有比较优势，因而将奶酪出口至外国，并从外国进口葡萄酒。

三、质量比较优势

1. 基本假设[①]

（1）西方经济学中假设每个人都以自身利益最大化为目标，结合目前人

[①] 陈钧浩. 外资型贸易模式的国民收益 [D]. 上海社会科学院，2014.

性的假设和社会的需求,将原有的追求自身经济效益最大化,改为在追求自身经济效益最大化的同时追求社会效益、生态效益最大化的"社会人"。

(2)假定贸易中只有两个国家和两种商品(X与Y商品)。

(3)两国在生产中使用不同的技术。技术的不同影响劳动生产率,进而导致成本的不同(生产可能性曲线的假设依然符合)。

(4)在两个国家中,商品与要素市场是完全竞争的。

(5)价值规律在市场上得到完全贯彻,自由竞争、自由贸易。

(6)存在两种类型的比较优势:一种是同质商品由于生产上的低价格所带来的成本比较优势;另一种是由商品异质性带来的竞争优势[①]。

(7)两国资源都得到了充分利用,均不存在未被利用的资源和要素。

(8)考虑交易费用和运输费用,并且存在影响国际贸易自由进行的贸易壁垒[②]。

(9)两国资源禀赋不同,但相同要素具有同质性[③]。

2. 质量比较优势要素分解

在经济全球化的进程中,质量作为产品的重要特性受到越来越多的关注,形成产品质量的具体要素也不再局限于外观、性能等方面,有关环境、健康、知识产权等方面的问题越来越受到关注。为了考察质量在国际贸易中的比较优势,使用国际标准对产品质量各方面进行评价显得更为合理,我们将对质量比较优势按要素进行分解。衡量产品质量的国际质量指标有ISO 9000(质量管理体系)审核标准、产品环境质量层面的ISO 14000(环境管理体系)、产品社会责任层面的SA 8000(社会责任标准)和制造业产品质量层面的IECEE-CB(关于电工产品测试证书的相互认可体系)等国际标准,出口产品获得这些质量认证的可能性越大,产品质量也就越高。此外,一些可以量化的指标,如反映产品环境质量的碳排放量,反映知识产权保护质量的专利申请数等也可用来衡量产品质量,作为质量比较优势的要素。而有关产品自

---

① 此处基于迈克尔·波特的竞争优势理论引进了竞争比较优势。
② 质量比较优势与传统比较优势不同点就是存在多种形式的贸易壁垒,故在此考虑相关费用和贸易壁垒。
③ 此处的假设是在传统比较优势的假设基础上引入社会性假设,但仍然以两个国家两种商品进行考察。

身的特性,诸如产品耐用性、产品安全性、产品可靠性、产品适应性等,同样是构成质量比较优势的要素。

具体来说,成本比较优势(即传统比较优势)是指当一个国家生产某种商品的机会成本低于其他国家生产该种商品的机会成本时,则说明该国在生产该种商品上具有比较优势。我们将用类似的方法定义质量比较优势:如果一国在某一项具体的质量要素方面生产的1单位某种商品优于其他国家,那么就称该国在这种商品上具有质量比较优势。需要说明的是,质量比较优势是从具体要素角度进行考量的,如在产品质量层面的ISO 9000方面 A 国的相关技术标准高于 B 国,则 A 国产品较 B 国更具质量比较优势;在产品环境质量层面,按具体指标如碳排放量 A 国低于 B 国,则称 A 国在产品环境质量方面更具比较优势等。传统的比较优势模型集中对单项成本优势的比较,而质量比较优势包含多个要素,我们将以传统比较优势为基础,设计质量的多比较优势模型,探究质量比较优势对国际贸易的影响。

四、基于质量要素的多因素比较优势模型

李卫兵等(2016)借鉴传统比较优势理论,提出了碳排放比较优势的概念,并将二者结合构建了一个双因素比较优势模型来研究贸易与环境质量的关系。下文将利用该模型进行研究,并将其推广到质量的其他要素,构建质量的多因素比较优势模型。

1. 单要素比较优势模型

先来考察单一质量要素,即产品获得ISO 9000认证的可能性。假设有两个国家 A 国和 B 国,两种商品1和商品2,在两种商品的生产过程中由于技术水平或其他条件的不同,使得 A、B 两国在生产商品1和商品2两种商品时获得ISO 9000认证的可能性不同(如果两国都没有获得ISO 9000认证,A 国生产商品1时完全符合ISO 9000标准,B 国生产商品1时存在操作不规范的问题且检验流程有缺陷,则认为 A 国获得ISO 9000认证的可能性更大,产品更具质量比较优势。如果两国都获得了ISO 9000认证,则认为获得认证时间早的国家更具有质量比较优势)。用 Y 来代表单位商品获得ISO 9000认证的可能性,下标 A 和 B 代表国家,上标商品1和商品2代表商品(下同),如果存在:

$$Y_A^1 > Y_B^1, Y_A^2 < Y_B^2 \qquad (式1-3)$$

那么就认为 A 国在商品1的生产中具有质量的绝对优势（$Y_A^1 > Y_B^1$ 表示 A 国在生产商品1上获得 ISO 9000 认证的可能性更大），B 国在商品2的生产中具有质量的绝对优势。通过贸易分工，A 国专门生产商品1，B 国专门生产商品2，则两边双边贸易的结果就能提高可贸易商品的产品质量水平。

现实生活中更常见的情况是某国（假设为 A 国）在两种商品的生产过程中都具有质量的绝对优势，但在这两种商品中具有的绝对优势程度不同，不妨设两国在商品1的生产上获得 ISO 9000 认证的可能性差异相对较小，即

$$Y_A^1 > Y_B^1, Y_A^2 > Y_B^2, 且 Y_A^1 - Y_B^1 < Y_A^2 - Y_B^2 \qquad (式1-4)$$

根据质量比较优势的定义，我们认为 B 国在商品1的生产过程中具有质量比较优势，在这种情形下也可以通过自由贸易，使 B 国专门生产商品1而 A 国专门生产商品2。并且按照质量比较优势进行贸易分工同样能有效提高两国的产品质量水平。

2. 多因素比较优势模型

在单因素比较优势模型的基础上再引入质量的其他要素，除了以 ISO 9000 衡量的产品质量，我们再引入产品环境质量层面的因素，用碳排放量来衡量产品环境质量层面的比较优势。从国家角度而言，由于其合作的目标是提高两国商品的产品质量，因而他们希望的贸易分工方式是 A 国专业化生产商品2而 B 国专业化生产商品1（见式1-4）。而从产品环境质量角度而言，两国的目标是环境质量最优，且相互合作使两国的碳排放量总和最小化。

不妨以 E_A^1、E_A^2、E_B^1、E_B^2 分别表示 A、B 两国生产1单位两种商品的碳排放量。假设 A 国在两种商品中都具有质量绝对优势，B 国在商品1的生产中具有质量的比较优势，即

$$0 < E_A^1 < E_B^1, 0 < E_A^2 < E_B^2, E_B^1 - E_A^1 < E_B^2 - E_A^2 \qquad (式1-5)$$

根据单因素比较优势理论，A、B 两国进行贸易分工的方式是 B 国专门生产商品1，而 A 国专门生产商品2，此时两国在自给自足情况下的碳排放总量 TE_1 为

$$TE_1 = E_A^1 + E_B^1 + E_A^2 + E_B^2 \qquad (式1-6)$$

而自由贸易下的碳排放总量 TE_2 为

$$TE_2 = E_A^1 + E_B^1 + E_A^2 + E_B^2 \qquad （式1-7）$$

自给自足和自由贸易情况下碳排放总量的差额 ΔTE_1 为

$$\Delta TE_1 = TE_2 - TE_1 = E_A^2 - E_B^2 + E_B^1 - E_A^1 < 0 \qquad （式1-8）$$

此时产品质量的比较优势和产品环境质量比较优势的利益一致，即质量的两种要素的比较优势都希望 B 国专门生产商品1，而 A 国专门生产商品2，生产者所进行的贸易分工恰好是两个国家所支持的。自由贸易既提高了两国产品的质量，提高了两国产品的技术水平，同时也减少了两国的碳排放总量，环境质量得以提升。

但现实中还有另一种情况，即两国质量方面的产品质量比较优势和产品环境质量比较优势不一致。不妨假设 A 国在两种产品的生产上都具有质量的绝对优势，但 B 国在商品2的生产中具有比较优势（这一点与之前假设 B 国在商品1上具有比较优势不同），即

$$0 < E_A^1 < E_B^1,\ 0 < E_A^2 < E_B^2,\ E_B^2 - E_A^2 < E_B^1 - E_A^1 \qquad （式1-9）$$

自由贸易的情况下，贸易分工的方式是 A 国专门生产商品1，B 国专门生产商品2，此时两国的碳排放总量变化 ΔTE_2 为

$$\Delta TE_2 = (E_B^2 - E_A^2) - (E_B^1 - E_A^1) < 0 \qquad （式1-10）$$

然而这种分工方式使得两国的产品质量比较优势不是最优，不利于产品的技术进步。

从二元模型的分析中可以得出结论，在引入了新的质量要素之后，自由贸易既可能巩固产品质量的比较优势，也可能削弱产品质量的比较优势，这取决于贸易双方在商品上拥有的产品质量比较优势和产品环境质量比较优势是否一致：如果二者一致，则贸易双方的利益也会一致，就会达成协议形成一致的国际贸易分工；如果贸易双方拥有的质量比较优势（ISO 9000认证）和产品环境质量（碳排放量）比较优势不一致，那么贸易双方的国际分工上就会出现分歧。这时就需要两国进行协商，就商品的技术外部性和环境外部性影响进行研究，找到双方的利益均衡点来决定国际分工。

3. 基于多因素比较优势模型的国际分工

二元模型很容易推广到多元，随着质量要素的不断发展和补充，在质

量比较优势中将考虑更多的因素，与二元模型相比，两国的国际贸易分工可以依据不同国际分工方案所形成的比较优势的多少来进行选择。比如 A 国生产商品1，B 国生产商品2，这种方案所形成的比较优势可以带来 ISO（International Organization for Standardization，国际标准化组织）认证、环境和知识产权的进步，但却阻碍了以产品社会责任考量的质量比较优势的形成。那么，在大部分质量因素的比较优势所带来的积极影响相一致的情况下，该方案可以作为最优选择。

另一种选择方案则是大国主导。诸如技术标准、环境标准之类的制定，往往由大国主导，如果某种特定的国际分工方案大部分质量要素的比较优势都能带来积极的影响，但在质量的环境比较优势方面却与之相悖（如碳排放量过大），鉴于大国对环境质量的严格要求，这一种分工方案仍可能被否决，取而代之的将是以产品环境质量比较优势为主的国际分工方案。总的来说，多因素比较优势模型依然以单因素比较优势模型为基础，通过对比不同质量要素比较优势带来的福利变化，再根据各国国情以及国家间的博弈来选择合适的国际分工方案。

五、质量比较优势陷阱

随着各国越来越重视质量升级和可持续发展理念的传播，按传统比较优势进行国际分工已经不能满足当今要素繁杂的国际贸易，越来越多的国家选择参照质量比较优势参与国际分工。不少国家认为出口附加值低、盈利低、耗能高、污染高的产品不利于出口结构的优化，同时也会使资源、环境遭到巨大破坏。采用质量比较优势进行国际分工给这些国家提供了更多的选择方案。

但采用质量比较优势进行分工也同样避免不了陷入质量的比较优势陷阱，发达国家在技术方面的领先和高科技产品方面的出口限制，使其在质量的各个方面都存在着比较优势。依照质量比较优势进行的国际分工可能会使发展中国家趋于生产低质量的产品，抑制出口产品质量升级，从而落入质量的比较优势陷阱。我们将对质量比较优势陷阱理论进行介绍，给出判断一个国家是否陷入"低质量陷阱"的方法，并且给出避免陷入质量比较优势陷阱的政策建议。

1. 质量比较优势陷阱的概念

质量比较优势陷阱更多指的是"低质量陷阱",即一个国家在国际分工中趋于生产低质量的产品,并且用这一概念来判断是否出现了质量升级的现象。这一概念突破了传统比较优势陷阱和理论要素禀赋的限制,将其推广到涉及更多要素的质量层面,更加注重动态优势。

假如单纯按照质量比较优势制定国家的贸易和经济的发展战略,随着产品成本的提升,可能会使具有价格优势的低技术产业最终在世界上失去竞争力,长期下去还有可能丧失产业质量升级的机会,并且质量比较优势战略的实施还会强化这种国际分工形式,使发展中国家长期陷入生产低附加值产品的困境。

2. 形成质量比较优势陷阱的原因

(1) 技术引进抑制了自主创新能力的提高

由于发达国家在技术、环境、知识产权等方面都较发展中国家起步早,水平较高,发展中国家在质量要素方面形成的比较优势较少,于是便通过技术进步来促进产业升级。发展中国家通过大量引进、模仿先进技术或接受技术外溢和改进型技术等来改善在国际分工中的地位,从而跻身高附加值环节。但是这种改良型的比较优势战略由于过度的依赖技术引进,使自主创新能力长期得不到提高,无法发挥后发优势,只能依赖发达国家的技术,使发展中国家的技术总是落后于发达国家,从而长期陷入"低质量陷阱"。

(2) 人力资本错配使形成质量比较优势受阻

内生经济增长理论认为,人力资本与产业结构错配会阻碍各种生产要素的充分发挥,制约技术进步以及知识和资本密集型产业的发展,从而使产业技术转移难以实现。随着质量比较优势的发展,国际分工所考虑的因素越来越多,促使各国的产业结构朝着多样化的方向发展。人力资本若是不能和多样化的产业结构需求相匹配将会使产业转型面临困难,导致产业发展停滞不前,陷入质量比较优势陷阱。

(3) 平均收入影响不同技术水平国家间的贸易

瑞典经济学家斯戴芬·伯伦斯坦·林德(Staffan B. Linder)在其需求相似理论中认为影响一国需求结构的最主要因素是平均收入水平。高收入国家对技术水平高、加工程度深、价值较大的高档商品的需求较大，而低收入国家为满足基本生活需求则以低档商品的消费为主。如果人均收入相同，需求偏好相似，那么两国间贸易范围可能最大。但如果人均收入水平相差较大，需求偏好相异，两国贸易则会存在障碍。一般来说，低收入的国家生产的低档商品质量较低，平均收入的不足使得低收入国家难以投入经费进行技术研发，由此导致的贸易障碍也让该国无法实现技术引进。因此，低收入国家将在"低质量陷阱"里徘徊，贸易的阻碍也使得低收入国家通过提高平均收入来跳出陷阱的难度提高。

（4）既有质量比较优势的固化

根据郭熙保等（2017）对国家间比较优势转移的分析来看，一国的贸易结构越是处于产业链高端，长期保持及扩大其优势的概率也就越大，一国的贸易结构越是处于产业链低端，朝更高端的贸易结构转变的难度就越大。对中、低收入国家而言，上述质量要素的发展仍处于低技术生产水平，持续地按照当前水平进行生产只会被锁定在产品链的低端，固化自身在国际分工中的不利地位，使静态的有效率演变成动态的无效率，从而陷入"低质量陷阱"之中。

3. 质量比较优势陷阱的影响

质量比较优势陷阱的产生会给参与国际贸易的国家带来负面影响，具体来说有以下几个方面。

（1）影响企业产品质量升级

低价、低质量的产品带来的是长期的低利润，缺乏持续性的发展潜力，从而影响对产品研发的投入以及产品质量提升。从长远来看，质量比较优势陷阱将阻碍产品质量升级。

（2）引起国际贸易摩擦

由于质量比较优势包含诸多要素，一些经济水平较低的发展中国家可能在多个方面都不具有质量比较优势，长期处于低质量低成本产品的生产状态。为了夺取市场，这些国家将以低于其正常价值的价格出口倾销到另一国家或地区，从而引起国际摩擦。

（3）阻碍发展中国家质量升级

相较于传统比较优势，质量比较优势包含的要素更多，而发展中国家的产品在技术升级、环境保护和知识产权保护等方面的质量仍处于较低水平，更易陷入质量比较优势陷阱。发达国家也将会针对这些质量比较优势的要素制定不同层面的歧视性政策，如限制对发展中国家的高技术产品出口，从而对发展中国家的质量升级造成更大阻碍。

（4）拉大南北差距

发展中国家具有比较优势的产业往往是次级产业，是规模报酬递增效应缺乏或较弱的产业，随着全球自由贸易的深入发展，在次级产业中具有比较优势的后发国家永远只能落在先发国家的后面，而且因为在高级产业中存在规模报酬递增，会使得世界经济越发展，其相对落后的情况越严重。这意味着发展中国家永远也无法追赶上发达国家，甚至差距会越拉越大。

（5）导致恶性竞争

质量比较优势要素包含技术、环境、知识产权等，较传统比较优势要素更多。按质量比较优势进行国际贸易分工会给发达国家提供更多机会设置不同类型的贸易壁垒，甚至连发展中国家之间也会形成不同程度的贸易壁垒。这就使得国家间的贸易受到阻碍，发展中国家尤其是低收入发展中国家将会成为最大的受害者，在贸易壁垒森严的体系中举步维艰。

4. 质量比较优势陷阱的判断[①]

针对一个国家是否陷入"低质量陷阱"，本文运用杜莱克（Dulleck）等（2004）构建的质量升级的三维理论模型进行研究，并给出判断方法。假设一国只有两个行业 $I = H, L$。H 为高技术行业，L 为低技术行业，由于规模经济或者产能限制，每个行业内的企业只可以选择3个质量段，即低质量段 $J = 1$，中间质量段 $J = 2$，高质量段 $J = 3$，在这些质量段内企业可以选择相应的产品质量水平 q_{ij}，然后比较两个行业和不同质量段的最大化利润。更大利润的行业和质量段决定了生产所属的行业和质量段以及生产的最优产品质量。

（1）一维产业间"低质量陷阱"假设

首先，$Sh_i = V_i/V$ 表示 i 行业占本国出口总量的份额。其中，分子 V_i 表示

[①] 刘伟丽，袁畅，曾冬林. 中国制造业出口质量升级的多维研究[J]. 世界经济研究，2015（02）：69-77+87+128.

行业 i 的出口额（出口额以单位价值或者吨数计算），分母 V 为特定国家的出口总额。其次，$MSh_i = V_i/M_i$ 表示 i 行业在世界市场的市场份额，其中 M_i 表示世界 i 行业的总进口额。随着时间的推移，如果行业所占的市场份额上升了，即发生了质量升级。因而，"低质量陷阱"在这一维产业间质量升级中可以表示为：$\Delta(Sh_H/Sh_L)<0$。

（2）二维产业间"低质量陷阱"假设

$Sh_{ij} = V_{ij}/V_i$ 表示行业内的出口结构；$MSh_{ij} = V_{ij}/M_{ij}$ 表示 i 产业 j 质量段的产品在世界市场的份额。质量升级表现为随着时间的推移市场份额比率上升，二维产业内质量升级的"低质量陷阱"表现为：$\Delta(Sh_{i2}/Sh_{i1})<0$。

（3）三维产业间"低质量陷阱"假设

单位价值指标能够反映产品的质量，同时也能体现行业的竞争能力；进一步用单位价值比率来衡量三维产业区间内质量升级情况。质量升级表现为随着时间的推移单位价值比率上升，那么在三维产业区间内的质量升级中，如果单位价值比率随着时间的推移而降低，"低质量陷阱"就会出现，即：$\Delta UVR_{ij}<0$。

5. 政策建议

（1）加强国家自主创新体系建设以及实施创新发展战略

技术创新是跨越"低质量陷阱"的重要推动力。我国应将先进技术、核心技术的自主研发摆在突出位置，提升自主创新能力，从工程创新向基础理论创新转变，切实推动产学研相融合，构建全产业链协同创新的生态体系。实现高技术制造业由低成本模式向高技术模式的转变，从而提高出口产品质量，更深层次地融入全球产业链和创新链。

（2）提高全要素生产率

要素是影响竞争优势的根本因素，质量比较优势又都依赖于产品生产过程中要素数量和质量的提升，即要素结构的优化升级。提高全要素生产率是高质量发展的动力源泉，对我国决胜全面建成小康社会、开启全面建设社会主义现代化国家新征程具有重要意义，政府在这一过程中的作用尤为重要。一方面，应建立以鼓励企业创新和提质增效为导向的市场激励机制。另一方面，政府无须寻找直接政策抓手，更不能人为挑选赢家。要营造平等使用生产要素、公平参与市场竞争、允许自由进入退出的公平竞争机制和优胜劣汰的环境。

(3) 抓住新的产业发展机会

未来国际贸易分工将更多地考虑质量的比较优势，除传统的劳动力成本和资本成本外，国家应从产业清单中甄别出具有潜在竞争优势的产业，集中力量突破具有潜在竞争优势的产业关键领域，挖掘与产品质量相关的新的要素，并领先形成比较优势。因为在新的产业机会上，相对于已有产业，后发国家和先发国家具有更平等的竞争机会。在培育新型比较优势的过程中实现"以点带线，以线带面"式的产业升级，向全球高端价值链迈进。

(4) 加快人力资本积累

产业在向价值链高端和产业链核心环节攀升的过程中需要拥有高科技和高技能人才，提高各层次劳动力的素质有助于国家走出"低质量陷阱"。提高劳动力素质主要有两条途径：一是通过现代职业教育和再培训，加快普通劳动力向应用技能型人力的转变，持续提升劳动力的能力；二是加快一流大学和一流学科建设，培养高端研究型人才，推进协同创新，取得高层次人力资源优势，实现从"人口红利"向"人才红利"的转变。

(5) 扶持有潜力的高科技企业发展

高科技企业是将自主创新转化为生产力的载体，其发展和壮大关系到国家核心竞争力的提升。在我国，大多高科技企业和装备制造业企业都拥有较多的自主知识产权产品和较高的技术，但缺乏融资能力和产业技术成果转化的能力，并且平均规模偏小，产业化程度较低，低端产品多的特点也使得企业的产值和进出口贸易量提升不快。政府应出台相关政策，在新产品的推广应用上给予支持，支持安全、节能、高效、环保高科技产品的推广和运用。同时在高科技企业贷款或融资上给予扶持，以资金补贴的形式，鼓励企业采购使用新产品，提升企业技术能力，提升安全性能。

(6) 保护知识产权，营造健康的创新环境

对于中国这样一个体量庞大、多元发展的经济体，加大知识产权保护执法力度，完善知识产权服务体系是营造良好创新环境的首要任务。我国发明专利和商标的申请量连续多年稳居世界第一，因此对知识产权的保护就显得格外重要。现阶段新技术特别是对大数据与人工智能的运用，又给知识产权

保护带来新挑战。我国要推进知识产权行政管理机制改革，统一执法标准，改善执法效果，完善多元纠纷解决机制，合理划分各种救济方式之间的界限，形成优势互补，以强大的知识产权保护机制来形成并保持自身的质量比较优势。

第二章 梳理贸易规则中与质量相关的内容①

一、《内地与香港关于建立更紧密经贸关系的安排》

《内地与香港关于建立更紧密经贸关系的安排》（更紧密经贸关系安排，Closer Economic Partnership Arrangement，CEPA）是为促进中国内地和中华人民共和国香港特别行政区经济的共同繁荣与发展，加强双方与其他国家和地区的经贸联系，双方决定签署的框架性协议。由中华人民共和国商务部和中华人民共和国香港特别行政区财政司于2003年6月29日签署并实施。后期又相继签署补充协议及其他相关协议。2018年12月，内地与香港签署了《内地与香港关于建立更紧密经贸关系的安排》框架下的《货物贸易协议》。《货物贸易协议》是CEPA升级的重要组成部分，2019年1月1日起正式实施。

在《内地与香港关于建立更紧密经贸关系的安排》文本中，"质量"一词一共出现了3次，"标准"一词出现了9次，"认证"一词出现了8次，"认可"一词出现了4次，"合格评定"一词出现了7次。相关条款涉及贸易投资便利化、服务贸易、原产地规则、货物贸易等内容。涉及的具体条款如下。

1. 贸易协定文本中含有"质量"关键词的条款

（1）协议正文"第十七条合作领域"提到：双方将在质量标准领域加强合作。

（2）《内地与香港关于建立更紧密经贸关系的安排》补充协议七中"中医药产业合作"一项下提到：要"开展中药质量标准方面的交流与合作，共同促进中药质量标准的提高"。

（3）《内地与香港关于建立更紧密经贸关系的安排》补充协议七中"教育合作"一项下提到："双方同意进一步加强商品检验检疫、食品安全、质量标

---

① 截至2019年12月，中国共与25个国家或地区签订17个双边自由贸易协定。其中，《中华人民共和国政府和毛里求斯共和国政府自由贸易协定》于2018年9月2日正式结束谈判，双方仍在执行关于协定正式生效的国内程序，正式协定文本尚未发布。《中华人民共和国政府与马尔代夫共和国政府自由贸易协定》于2017年12月7日签署，但正式协定文本也尚未发布。因此，根据官方公布的协定文本，本文共整理了15个中国与其他国家签订的自由贸易协定，并进行了分类。协定文本来源于中国自由贸易服务网（http://fta.mofcom.gov.cn/）。

准领域的合作,并据此将《安排》附件6第五条第(二)款增加第5、6项。"

2. 贸易协定文本中含有"标准"关键词的条款

(1)协议正文"第十六条措施"提到:"双方通过提高透明度、标准一致化和加强信息交流等措施与合作,推动贸易投资便利化。"

(2)协议正文"第十七条合作领域"提到:双方将在质量标准领域加强合作。

(3)《内地与香港关于建立更紧密经贸关系的安排》补充协议二中"货物贸易"一项下提到:自2006年1月1日起,内地对原产香港的进口货物全面实施零关税,"零关税进口货物须符合双方磋商确定的原产地标准"。

(4)《内地与香港关于建立更紧密经贸关系的安排》补充协议二中"磋商和公布"一项下提到:"商务部对货物清单进行确认后转海关总署。海关总署与香港工业贸易署就有关货物的原产地标准进行磋商。"

(5)《内地与香港关于建立更紧密经贸关系的安排》补充协议二第五点提到:"实质性加工"的认定标准可采用"制造或加工工序""税号改变""从价百比""其他标准"和"混合标准"。

(6)《内地与香港关于建立更紧密经贸关系的安排》补充协议五提到:"将《安排》附件6第二条修改为:'二、双方同意在贸易投资促进,通关便利化,商品检验检疫、食品安全、标准,电子商务,法律法规透明度,中小企业合作,中医药产业合作,知识产权保护,品牌合作9个领域开展贸易投资便利化合作,有关合作在根据《安排》第十九条设立的联合指导委员会的指导和协调下进行。'"将"质量标准"更改为"标准"。

(7)《内地与香港关于建立更紧密经贸关系的安排》补充协议七"金融合作"一项中提到:"将《安排》附件6第二条修改为:'二、双方同意在贸易投资促进,通关便利化,商品检验检疫、食品安全、质量标准,电子商务,法律法规透明度,中小企业合作,产业合作,知识产权保护,品牌合作,教育合作10个领域开展贸易投资便利化合作,有关合作在根据《安排》第十九条设立的联合指导委员会的指导和协调下进行。'"将"标准"重新更改为"质量标准"。

(8)《内地与香港关于建立更紧密经贸关系的安排》补充协议七中"中医

药产业合作"一项下提到：要"开展中药质量标准方面的交流与合作，共同促进中药质量标准的提高"。

（9）《内地与香港关于建立更紧密经贸关系的安排》补充协议七中"教育合作"一项下提到："双方同意进一步加强商品检验检疫、食品安全、质量标准领域的合作，并据此将《安排》附件6第五条第（二）款增加第5、6项。"

3. 贸易协定文本中含有"认证"关键词的条款

（1）《内地与香港关于建立更紧密经贸关系的安排》补充协议七中"创新科技产业合作"一项下提到："积极推动香港检测实验室与已加入设有国家成员机构的认证检测国际多边互认体系（如IECEE-CB体系）的内地认证机构开展合作，成为该互认体系所接受的检测实验室。"

（2）《内地与香港关于建立更紧密经贸关系的安排》补充协议九中"贸易投资便利化"一项下提到：推动粤港第三方检测和认证服务的检测认证结果互认。

（3）《内地与香港关于建立更紧密经贸关系的安排》补充协议九中"贸易投资便利化"一项下提到：按照具体认证的要求，推动粤港自愿认证的认证检测结果互认。

（4）《内地与香港关于建立更紧密经贸关系的安排》补充协议九中"贸易投资便利化"一项下提到：对于推动强制性产品认证（CCC认证）检测认证结果互认问题，遵照《中华人民共和国认证认可条例》《安排》等国家相关法律法规、条约的相关规定执行。

（5）《内地与香港关于建立更紧密经贸关系的安排》货物贸易协议中"第三十七条经认证的经营者制度"提到："一方在实施经认证的经营者制度或相关措施时，应借鉴国际通行的标准，特别是世界海关组织全球贸易安全与便利标准框架的做法。"

（6）《内地与香港关于建立更紧密经贸关系的安排》货物贸易协议中"第四十三条定义"提到："卫生与植物卫生措施包括所有相关法律、法令、法规、要求和程序，特别包括：最终产品标准；工序和生产方法；检验、检查、认证和批准程序。"

（7）《内地与香港关于建立更紧密经贸关系的安排》货物贸易协议中"第

五十八条合格评定程序"提到:"在电子电器产品领域,探讨并推动内地与香港对于原产的电子电器产品认证结果互认,促进贸易便利化。"

(8)《内地与香港关于建立更紧密经贸关系的安排》货物贸易协议中"第六十八条粤港澳大湾区贸易便利化措施"提到:"探索扩大第三方检验检测、认证结果采信商品和机构范围,并给予快速通关待遇。"

4. 贸易协定文本中含有"认可"关键词的条款

(1)《内地与香港关于建立更紧密经贸关系的安排》补充协议九中"贸易投资便利化"一项下提到:对于推动强制性产品认证(CCC认证)检测认证结果互认问题,遵照《中华人民共和国认证认可条例》《安排》等国家相关法律法规、条约的相关规定执行。

(2)《内地与香港关于建立更紧密经贸关系的安排》货物贸易协议中"第六条定义"提到:"'公认的会计原则'是指一方有关记录收入、支出、成本、资产及负债、信息披露以及编制财务报表方面所认可的会计准则。上述准则既包括普遍适用的概括性指导原则,也包括详细的标准、惯例及程序。"

(3)《内地与香港关于建立更紧密经贸关系的安排》货物贸易协议中"第四十七条等效性"提到:"应一方要求,双方须就具体的卫生与植物卫生措施进行磋商,以期取得等效性的认可安排。"

(4)《内地与香港关于建立更紧密经贸关系的安排》货物贸易协议中"第五十五条定义"提到:"合格评定程序特别包括:抽样、检验和检查;评估、验证和合格保证;注册、认可和批准以及各项的组合。"

5. 贸易协定文本中含有"合格评定"关键词的条款

(1)《内地与香港关于建立更紧密经贸关系的安排》货物贸易协议中"第五十三条目标"提到:"加强双方在技术法规、标准与合格评定程序领域的合作。"

(2)《内地与香港关于建立更紧密经贸关系的安排》货物贸易协议中"第五十四条范围"提到:"本章适用于可能直接或间接影响双方之间货物贸易的所有标准、技术法规和合格评定程序,但不适用于:(一)本协议第六章所涵盖的卫生与植物卫生措施;(二)双方主管部门为其生产或消费要求所制定的采购规格。"

（3）《内地与香港关于建立更紧密经贸关系的安排》货物贸易协议中"第五十五条定义"提到："《ISO/IEC 指南2》中定义的术语涵盖产品、工艺和服务。本章只涉及与产品或工艺和生产方法有关的技术法规、标准和合格评定程序。""'合格评定程序'指任何直接或间接用以确定是否满足技术法规或标准中的相关要求的程序。"

（4）《内地与香港关于建立更紧密经贸关系的安排》货物贸易协议中"第五十八条合格评定程序"提到："双方须致力于促进接受在另一方开展的合格评定程序的结果，以提高合格评定的效率，保证合格评定的成本效益……双方同意鼓励合格评定机构开展更密切的合作，以推动双方合格评定结果的接受。"

（5）《内地与香港关于建立更紧密经贸关系的安排》货物贸易协议中"第五十九条技术合作"提到："双方应加强在技术法规、标准与合格评定程序领域的合作……双方主管机构之间的交流，关于技术法规、标准、合格评定程序和良好法规规范的信息交换……鼓励双方合格评定机构的合作。"

（6）《内地与香港关于建立更紧密经贸关系的安排》货物贸易协议中"第六十条口岸措施"提到："如果一方因发现未满足技术法规或合格评定程序而在入口口岸扣留来自另一方的货物，则主管机构应向进口商或其代表迅速通报扣留原因。"

（7）《内地与香港关于建立更紧密经贸关系的安排》货物贸易协议中"第六十二条技术磋商"提到："当一方认为另一方采取的有关技术法规或合格评定程序对其出口造成了障碍，可以要求进行技术磋商。被请求方应对技术磋商请求予以积极考虑并尽早答复。"

二、《内地与澳门关于建立更紧密经贸关系的安排》

为促进中国内地与澳门经济共同繁荣与发展，2003年10月29日，中国中央政府与澳门特别行政区政府签署《内地与澳门关于建立更紧密经贸关系的安排》。自此之后，2004—2013年双方每年又分别签署了《补充协议》《补充协议二》《补充协议三》《补充协议四》《补充协议五》《补充协议六》《补充协议七》《补充协议八》《补充协议九》《补充协议十》。

在《内地与澳门关于建立更紧密经贸关系的安排》文本中"标准"一词出现了20次,"认证"一词出现了8次,"认可"一词出现了7次,"合格评定"一词出现了7次,没有出现关于质量的关键词。相关条款涉及贸易投资便利化、服务贸易、原产地规则、货物贸易等内容。涉及的具体条款如下。

1. 贸易协定文本中含有"标准"关键词的条款

(1)《内地与澳门关于建立更紧密经贸关系的安排》协议正文中"第五章贸易投资便利化"的"第十六条措施"提到:"双方通过提高透明度、标准一致化和加强信息交流等措施与合作,推动贸易投资便利化。"

(2)《内地与澳门关于建立更紧密经贸关系的安排》协议正文"第五章贸易投资便利化"的"第十七条合作领域"提到:双方将在"认证认可及标准化管理领域"加强合作。

(3)《内地与香港关于建立更紧密经贸关系的安排》补充协议二第五点提到:"实质性加工"的认定标准可采用"制造或加工工序""税号改变""从价百分比""其他标准""混合标准"。

(4)《内地与澳门关于建立更紧密经贸关系的安排》货物贸易协议中第四章"第一节原产地规则"的"第六条定义"提到:"'公认的会计原则'是指一方有关记录收入、支出、成本、资产及负债、信息披露以及编制财务报表方面所认可的会计准则。上述准则既包括普遍适用的概括性指导原则,也包括详细的标准、惯例及程序。"

(5)《内地与澳门关于建立更紧密经贸关系的安排》货物贸易协议中第四章"第一节原产地规则"的"第七条原产货物"提到:"不属于附件(产品特定原产地规则)适用范围,但是满足按照累加法计算的区域价值成分大于或等于30%的标准,或者按照扣减法计算的区域价值成分大于或等于40%的标准。"

(6)《内地与澳门关于建立更紧密经贸关系的安排》货物贸易协议中第四章"第一节原产地规则"的"第九条区域价值成分"提到了区域价值成分标准的计算。

(7)《内地与澳门关于建立更紧密经贸关系的安排》货物贸易协议中"第二十六条原产地规则工作组"提到:"应一方请求,原产地规则工作组根据双方原产地规则主管部门商定的机制和时间安排,就零关税货物原产地标准的修订举行磋商,完成磋商后,经修订后的原产地标准由双方对外公布实施。"

(8)《内地与澳门关于建立更紧密经贸关系的安排》货物贸易协议中"第三十条便利化"提到:"一方应尽可能使用依据国际标准的海关程序,特别是世界海关组织的标准与推荐做法,以减少在双方贸易往来中的成本和不必要的延误。"

(9)《内地与澳门关于建立更紧密经贸关系的安排》货物贸易协议中"第三十七条经认证的经营者制度"提到:"一方在实施经认证的经营者制度或相关措施时,应借鉴国际通行的标准,特别是世界海关组织全球贸易安全与便利标准框架的做法。"

(10)《内地与澳门关于建立更紧密经贸关系的安排》货物贸易协议中第四十三条"卫生与植物卫生措施"一项下提到:"卫生与植物卫生措施包括所有相关法律、法令、法规、要求和程序,特别包括:最终产品标准;工序和生产方法;检验、检查、认证和批准程序。"

(11)《内地与澳门关于建立更紧密经贸关系的安排》货物贸易协议中"第四十三条定义"对国际标准、指南和建议进行了阐述。

(12)《内地与澳门关于建立更紧密经贸关系的安排》货物贸易协议中"第四十五条协调一致"提到:"为尽可能广泛地协调卫生与植物卫生措施,如果国际食品法典委员会(CAC)、世界动物卫生组织(OIE)和在《国际植物保护公约》(IPPC)框架内运作的相关国际和区域组织确定的国际标准、指南和建议已经存在,一方应尽量将其作为制定卫生与植物卫生措施的基础。"

(13)《内地与澳门关于建立更紧密经贸关系的安排》货物贸易协议中"第四十六条适应地区条件"提到:"出现影响病虫害非疫区或病虫害发生率低的地区的卫生或植物卫生情况的事件时,双方应考虑相关国际标准、指南和建议。"

(14)《内地与澳门关于建立更紧密经贸关系的安排》货物贸易协议中"第四十九条技术合作"提到:"为便利双方贸易,双方根据在《SPS 协定》第 6 条及相关国际标准、指南和建议就区域化的实施开展合作。"

(15)《内地与澳门关于建立更紧密经贸关系的安排》货物贸易协议中"第

五十三条目标"提到："加强双方在技术法规、标准与合格评定程序领域的合作。"

（16）《内地与澳门关于建立更紧密经贸关系的安排》货物贸易协议中"第五十五条定义"提到："'标准'指经公认机构批准的、规定非强制执行的、供通用或重复使用的产品或相关工艺和生产方法的规则、指南或特性的文件。该文件还可包括或专门关于适用于产品、工艺或生产方法的专门术语、符号、包装、标志或标签要求。"

（17）《内地与澳门关于建立更紧密经贸关系的安排》货物贸易协议中"第五十七条标准"提到："在制定、采用和实施标准时，双方应采取各自所能采取的合理措施，确保各自的标准化机构（如适用）接受和遵守《TBT协定》附件3的规定。"同时，"双方应鼓励就感兴趣的标准开展相应机构之间的标准化合作。这些合作应当包括，但不限于：（一）标准的信息交换；（二）标准制定过程的信息交换"。

（18）《内地与澳门关于建立更紧密经贸关系的安排》货物贸易协议中"第五十九条技术合作"提到："双方应加强在技术法规、标准与合格评定程序领域的合作。""双方应加强以下领域的技术合作，以增加对各自体系的相互了解，加强能力建设，便利双方之间贸易：（一）双方主管机构之间的交流，关于技术法规、标准、合格评定程序和良好法规规范的信息交换。"

（19）《内地与澳门关于建立更紧密经贸关系的安排》货物贸易协议中"第六十七条范围与目标"提到："本章旨在：（一）对接国际高标准贸易规则，促进货物往来便利化，推动贸易自由化。扩展和完善口岸功能，依法推动在大湾区口岸实施更便利的通关模式，大幅提升粤澳口岸通关能力和效率效益。"

（20）《内地与澳门关于建立更紧密经贸关系的安排》货物贸易协议中"第六十八条粤港澳大湾区贸易便利化措施"提到："推动单一窗口互联互通建设，探索口岸信息互换与服务共享机制，探索实施贸易数据协同、简化和标准化。"

2. 贸易协定文本中含有"认证"关键词的条款

（1）《内地与澳门关于建立更紧密经贸关系的安排》协议正文中"第五章贸易投资便利化"的"第十七条合作领域"提到：双方将在认证认可及标准化

管理领域加强合作。

（2）《内地与澳门关于建立更紧密经贸关系的安排》补充协议十中"贸易投资便利化"一项下提到："推动粤港第三方检测和认证服务的检测认证结果互认。"

（3）《内地与澳门关于建立更紧密经贸关系的安排》补充协议十中"贸易投资便利化"一项下提到："按照具体认证的要求，推动粤港自愿认证的认证检测结果互认。"

（4）《内地与澳门关于建立更紧密经贸关系的安排》补充协议十中"贸易投资便利化"一项下提到："对于推动强制性产品认证（CCC认证）检测认证结果互认问题，遵照《中华人民共和国认证认可条例》《安排》等国家相关法律法规、条约的相关规定执行。"

（5）《内地与澳门关于建立更紧密经贸关系的安排》货物贸易协议中"第三十七条经认证的经营者制度"提到："一方在实施经认证的经营者制度或相关措施时，应借鉴国际通行的标准，特别是世界海关组织全球贸易安全与便利标准框架的做法。""双方共同推进在经认证的经营者制度互认方面的合作，在保证有效监管的同时，依法为守法安全的企业提供通关便利，促进双方之间及国际贸易的便利化。"

（6）《内地与澳门关于建立更紧密经贸关系的安排》货物贸易协议中"第四十三条定义"提到："卫生与植物卫生措施包括所有相关法律、法令、法规、要求和程序，特别包括：最终产品标准；工序和生产方法；检验、检查、认证和批准程序。"

（7）《内地与澳门关于建立更紧密经贸关系的安排》货物贸易协议中"第五十八条合格评定程序"提到："在电子电器产品领域，探讨并推动内地与澳门对于原产的电子电器产品认证结果互认，促进贸易便利化。"

（8）《内地与澳门关于建立更紧密经贸关系的安排》货物贸易协议中"第六十八条粤港澳大湾区贸易便利化措施"提到："探索扩大第三方检验检测、认证结果采信商品和机构范围，并给予快速通关待遇。"

3.贸易协定文本中含有"认可"关键词的条款

（1）《内地与澳门关于建立更紧密经贸关系的安排》协议正文中"第五章

贸易投资便利化"的"第十七条合作领域"提到：双方将在认证认可及标准化管理领域加强合作。

（2）《内地与澳门关于建立更紧密经贸关系的安排》补充协议十中"贸易投资便利化"一项下提到："推动粤港第三方检测和认证服务的检测认证结果互认。"

（3）《内地与澳门关于建立更紧密经贸关系的安排》补充协议十中"贸易投资便利化"一项下提到："按照具体认证的要求，推动粤港自愿认证的认证检测结果互认。"

（4）《内地与澳门关于建立更紧密经贸关系的安排》补充协议十中"贸易投资便利化"一项下提到："对于推动强制性产品认证（CCC认证）检测认证结果互认问题，遵照《中华人民共和国认证认可条例》《安排》等国家相关法律法规、条约的相关规定执行。"

（5）《内地与澳门关于建立更紧密经贸关系的安排》货物贸易协议中"第六条定义"提到："'公认的会计原则'是指一方有关记录收入、支出、成本、资产及负债、信息披露以及编制财务报表方面所认可的会计准则。上述准则既包括普遍适用的概括性指导原则，也包括详细的标准、惯例及程序。"

（6）《内地与澳门关于建立更紧密经贸关系的安排》货物贸易协议中"第四十七条等效性"提到："应一方要求，双方须就具体的卫生与植物卫生措施进行磋商，以期取得等效性的认可安排。"

（7）《内地与澳门关于建立更紧密经贸关系的安排》货物贸易协议中"第五十五条定义"提到："合格评定程序特别包括：抽样、检验和检查；评估、验证和合格保证；注册、认可和批准以及各项的组合。"

4. 贸易协定文本中含有"合格评定"关键词的条款

（1）《内地与澳门关于建立更紧密经贸关系的安排》货物贸易协议中"第五十三条目标"提到："加强双方在技术法规、标准与合格评定程序领域的合作。"

（2）《内地与澳门关于建立更紧密经贸关系的安排》货物贸易协议中"第五十四条范围"提到："本章适用于可能直接或间接影响双方之间货物贸易的所有标准、技术法规和合格评定程序，但不适用于：（一）本协议第六章所涵盖的卫生与植物卫生措施；(二)双方主管部门为其生产或消费要求所制定的采购规格。"

(3)《内地与澳门关于建立更紧密经贸关系的安排》货物贸易协议中"第五十五条定义"提到："《ISO/IEC 指南2》中定义的术语涵盖产品、工艺和服务。本章只涉及与产品或工艺和生产方法有关的技术法规、标准和合格评定程序。""'合格评定程序'指任何直接或间接用以确定是否满足技术法规或标准中的相关要求的程序。"

(4)《内地与澳门关于建立更紧密经贸关系的安排》货物贸易协议中"第五十八条合格评定程序"提到："双方须致力于促进接受在另一方开展的合格评定程序的结果，以提高合格评定的效率，保证合格评定的成本效益。""双方同意鼓励合格评定机构开展更密切的合作，以推动双方合格评定结果的接受。"

(5)《内地与澳门关于建立更紧密经贸关系的安排》货物贸易协议中"第五十九条技术合作"提到："双方应加强在技术法规、标准与合格评定程序领域的合作。""双方主管机构之间的交流，关于技术法规、标准、合格评定程序和良好法规规范的信息交换。"

(6)《内地与澳门关于建立更紧密经贸关系的安排》货物贸易协议中"第六十条口岸措施"提到："如果一方因发现未满足技术法规或合格评定程序而在入口口岸扣留来自另一方的货物，则主管机构应向进口商或其代表迅速通报扣留原因。"

(7)《内地与澳门关于建立更紧密经贸关系的安排》货物贸易协议中"第六十二条技术磋商"提到："当一方认为另一方采取的有关技术法规或合格评定程序对其出口造成了障碍，可以要求进行技术磋商。被请求方应对技术磋商请求予以积极考虑并尽早答复。"

三、《中国—智利自由贸易协定》

2005年11月18日，中国与智利签署了《中华人民共和国与智利共和国政府自由贸易协定》(简称《中国—智利自由贸易协定》)，并于2006年10月1日开始实施《中国—智利自由贸易协定》，该协定是继《中国—东盟自由贸易协定》之后实施的第二个自由贸易协定，也是中国与拉美国家签署的第一个自由贸易协定，同时也是中国与他国签订的第一个国家间双边协定。

在《中国—智利自由贸易协定》文本中"质量"一词出现了2次，"标准"一词出现了16次，"认证"一词出现了3次，"认可"一词出现了2次，"合格评定"一词出现了6次。相关条款涉及到原产地规则、与原产地规则相关的程序、贸易救济、卫生和植物卫生措施、技术性贸易壁垒、投资、服务贸易等内容，涉及的具体条款如下。

1. 贸易协定文本中含有"质量"关键词的条款

（1）《中国—智利自由贸易协定》文本"第一百零七条教育"提到："为实现第一百零四条所列目标，缔约双方应适当地鼓励并便利各自相关教育机关、机构和组织适时在如下领域进行交流：（一）教育质量保障进展。"

（2）《中国—智利自由贸易协定》文本"第一百零七条教育"提到："教育合作的重点可放在：合作开发创新的质量保障资源以支持学习和评估，以及教师和培训员在培训领域的专业发展。"

2. 贸易协定文本中含有"标准"关键词的条款

（1）《中国—智利自由贸易协定》文本"第十五条原产货物"提到："除附件三所列明的货物必须符合该附件特别规定的要求以外，在一缔约方或缔约双方的境内使用非原产材料生产的货物符合区域价值成分不少于40%的标准。"

（2）《中国—智利自由贸易协定》文本"第十七条区域价值成分"提到："除附件三所列的货物应当符合第十八条规定的产品特定标准外，货物区域价值成分不得少于40%。"

（3）《中国—智利自由贸易协定》文本"第十八条产品特定原产地规则"提到："在确定货物原产地时，附件三所列货物应当适用该附件规定的相应原产地标准。"

（4）《中国—智利自由贸易协定》文本"第二十一条微小含量"提到："不符合附件三规定的税则归类改变标准的货物，如果在未能满足税则归类改变标准要求生产过程中，所使用全部非原产材料，其按照第十七条确定的价值不超过该货物的8%，仍应当被视为原产。"

（5）《中国—智利自由贸易协定》文本"第二十四条零售用包装材料和容器"提到："当必须满足附件三规定税则归类改变标准的要求时，对于货物原产地的确定，如果零售用包装材料和容器与该货物一并归类，其原产地应当不予考虑。当货物必须满足区域价值成分标准的要求时，对于该货物原产地的确定，零售用包装材料和容器的价值则应当予以考虑。"

（6）《中国—智利自由贸易协定》文本"第三十一条关税或保证金的退还"提到："各缔约方应当规定，如果符合原产地标准的货物在进口到一缔约方境内时无法提供本协定规定的原产地证书，进口方海关可以视情况对该货物征收适用的普通关税或保证金。"

（7）《中国—智利自由贸易协定》文本"第五十六条一般条款"提到："缔约双方重申在 SPS 协定下的与对方有关的权利和义务，并将其作为本章内容不可分割的一部分，尤其是如下内容：（三）这些措施必须有科学依据，可以采用国际标准，或者通过风险评估。"

（8）《中国—智利自由贸易协定》文本"第六十三条国际标准"提到道："除国际标准或其相关部分对于缔约双方实现合法目标来说是无效的或不合适的之外，当存在这样的相关国际标准或者其即将制定完成时，缔约双方应以国际标准或其相关部分作为制定国内技术法规和相关合格评定程序的基础。"

（9）《中国—智利自由贸易协定》文本"第六十三条国际标准"提到："在这方面，缔约双方将适用 TBT 委员会 1995 年 1 月 1 日通过的'委员会关于制定与 TBT 协定第二条、第五条和附件三有关的国际标准、指南和建议的若干原则的决议'（G/TBT/1/Rev.7，2000 年 11 月 28 日，第九部分）中设立的相应的原则。"

（10）《中国—智利自由贸易协定》文本"第六十四条贸易便利化"提到："在这方面，公布或经要求向申请人通报每一强制性合格评定程序的标准或预期完成时限。"

（11）《中国—智利自由贸易协定》文本"第六十七条透明度"提到："对于向 ISO 信息中心通报的'国家标准计划制修订工作计划'，缔约双方应推动各自的标准化机构向对方提供。"

（12）《中国—智利自由贸易协定》文本"第六十八条技术合作"提到："一

缔约方应另一缔约方要求，应当：（一）按照缔约双方同意的条款和条件，向另一缔约方提供技术性的建议、信息和援助，以提高另一缔约方标准、技术法规和合格评定程序以及相关活动、程序和体系的水平；以（二）向另一缔约方提供标准、技术法规、合格评定程序等缔约双方感兴趣的领域的技术合作计划。"

（13）《中国—智利自由贸易协定》文本"第六十八条技术合作"提到："缔约双方将就加强自愿性和强制性认证之间的联系进行可行性研究，并加强这方面的交流，以便利市场准入，特别考虑诸如 ISO 9000、ISO 14000 体系等国际标准及风险分析。"

（14）《中国—智利自由贸易协定》文本"第六十九条技术性贸易壁垒委员会"提到："对于标准化、技术法规、合格评定程序领域内非官方、区域性和多边论坛活动的进展情况，加强信息沟通；就政府机构实施的强制性合格评定程序的收费标准和服务费用交换信息。"

（15）《中国—智利自由贸易协定》文本"电子数据的传输"提到："出口方授权发证机构需按照事先定义的标准向进口方海关发送电子数据并签发纸质原产地证书；在收到电子数据时，进口方海关需按照事先定义的标准向出口方授权发证机构对其完整性进行确认。"

（16）《中国—智利自由贸易协定》文本"数字签名"提到："基于 X.509 V3 标准的数字签名的交互确认。"

3. 贸易协定文本中含有"认证"关键词的条款

（1）《中国—智利自由贸易协定》文本"第五十六条一般条款"提到："为便利贸易，应请求，应给予进口方进行检查、检验及其他相关程序的机会，包括：（二）核查另一缔约方的认证程序、控制和生产工序。"

（2）《中国—智利自由贸易协定》文本"第六十六条合格评定"提到："对合格评定机构的认可程序，并促进在国际互认安排下对认证认可机构的承认。"

（3）《中国—智利自由贸易协定》文本"第六十八条技术合作"提到："缔约双方将就加强自愿性和强制性认证之间的联系进行可行性研究，并加强这方面的交流，以便利市场准入，特别考虑诸如 ISO 9000、ISO 14000 体系等国际标准及风险分析。"

4. 贸易协定文本中含有"认可"关键词的条款

（1）《中国—智利自由贸易协定》文本"第二十八条展览"提到："对于在中国或智利以外的国家展览并于展览后售往中国或智利的原产产品，于进口时应当准予本协定规定的优惠关税待遇，但需满足进口方海关认可的如下条件。"

（2）《中国—智利自由贸易协定》文本"第六十六条合格评定"提到："对合格评定机构的认可程序，并促进在国际互认安排下对认证认可机构的承认。"

5. 贸易协定文本中含有"合格评定"关键词的条款

（1）《中国—智利自由贸易协定》文本"第六十一条领域和范围"提到："除第二款外，本章适用于缔约双方所实施的，直接或间接影响货物贸易的全部技术法规与合格评定程序。"

（2）《中国—智利自由贸易协定》文本"第六十三条国际标准"提到："除国际标准或其相关部分对于缔约双方实现合法目标来说是无效的或不合适的之外，当存在这样的相关国际标准或者其即将制定完成时，缔约双方应以国际标准或其相关部分作为制定国内技术法规和相关合格评定程序的基础。"

（3）《中国—智利自由贸易协定》文本"第六十四条贸易便利化"提到："缔约双方将在技术法规、合格评定程序领域增进合作，以便利双方的市场准入。缔约双方尤其应当首先针对具体问题、在具体领域开展双边合作。缔约双方应保证在要求进行符合强制性合格评定时，一缔约方对原产于另一缔约方的产品适用下列条款：（一）缔约双方同意自本协定生效之日起六个月内启动互认协定（MRA）可行性研究，并在任何可能情况下参考 APEC 框架；（二）公布或经要求向申请人通报每一强制性合格评定程序的标准或预期完成时限；（三）自本协议生效之日起六个月内，向另一缔约方通报强制性合格评定产品清单。通报使用英文并附带八位或八位以上 HS 编码；（四）对于原产于一缔约方的产品，在进行由政府机构实施的强制性合格评定程序所征收的费用上，不得高于对同类的任何非成员方产品所进行的由政府机构实施的强制性合格评定程序所征收的费用，且上述费用应限制在服务的近似成本内。"

（4）《中国—智利自由贸易协定》文本"第六十六条合格评定"提到："缔约双方认识到，为便利合格评定程序和结果的接受，存在诸多机制，包括：（一）缔约双方领土内的合格评定机构间达成的自愿性安排；（二）针对具体法规，达成协议，相互承认对方领土内的机构实施合格评定程序的结果；（三）对于在一缔约方领土内实施的合格评定程序的结果，另一缔约方予以承认；（四）对合格评定机构的认可程序，并促进在国际互认安排下对认证认可机构的承认；以及（五）官方指定合格评定机构。"

（5）《中国—智利自由贸易协定》文本"第六十六条合格评定"提到："缔约双方应加强上述方面的信息交换，以便利合格评定结果的接受。"

（6）《中国—智利自由贸易协定》文本"第六十六条合格评定"提到："在接受合格评定程序结果之前，为增进对彼此合格评定结果的可持续性的信赖，在适当情况下，缔约双方可以就诸如合格评定机构的技术能力等问题进行磋商。"

四、《中国—巴基斯坦自由贸易区服务贸易协定》

2003年11月3日，中国与巴基斯坦签署《中国—巴基斯坦优惠贸易安排》。2004年10月中巴开始启动自贸区联合研究。2005年4月签署《中国—巴基斯坦关于自由贸易协定早期收获计划的协议》，并于2006年1月1日起开始实施。2006年11月18日签署《中国—巴基斯坦自由贸易协定》。2008年10月，中国与巴基斯坦签署自由贸易协定补充议定书，以促进投资合作。2008年12月结束服务贸易协定谈判，并于2009年2月21日签署《中国—巴基斯坦自由贸易区服务贸易协定》（以下简称《中国—巴基斯坦自由贸易协定》），于2019年10月10日生效实施。

在《中国—巴基斯坦自由贸易协定》文本中"标准"一词出现了7次，"合格评定"一词出现了6次，没有出现"质量""认证""认可"关键词。相关条款涉及原产地规则、卫生和植物卫生措施（SPS措施）、服务贸易等内容。涉及的具体条款如下。

1. 贸易协定文本中含有"标准"关键词的条款

（1）《中国—巴基斯坦自由贸易协定》文本"第十二条定义"提到："'产

品特定原产地标准'是指规定材料已经过税号改变或特定制造或加工工序，或满足某一从价百分比标准，或者混合使用任何这些标准的规则。"

（2）《中国—巴基斯坦自由贸易协定》文本"第十七条产品特定原产地标准"提到："在缔约一方经过充分加工的产品应视为该成员方的原产货物。符合本规则附件所列产品特定原产地标准的产品，应视为在缔约一方经过了充分的加工。"

（3）《中国—巴基斯坦自由贸易协定》文本"第三十三条关于协调一致、等效性和证书互认合作"提到："为实现协调一致，缔约双方 SPS 措施均应以国际标准、指南、建议为基础，或者以风险评估为基础，并应就此进行合作。"

（4）《中国—巴基斯坦自由贸易协定》文本"第三十七条领域和范围"提到："除本协定第六章规定的卫生和植物卫生措施以外，本章适用于缔约双方所实施的，直接或间接影响货物贸易的全部标准、技术法规与合格评定程序。"

（5）《中国—巴基斯坦自由贸易协定》文本"第三十七条领域和范围"提到："缔约双方有关技术法规、标准和合格评定程序的权利和义务须符合世界贸易组织《技术性贸易壁垒协定》（TBT）的规定。"

（6）《中国—巴基斯坦自由贸易协定》文本"第三十九条合作领域"提到："只要有关国际标准已经存在或即将拟就，双方应以国际标准或者以国际标准的相关部分作为技术法规和相关合格评定程序的基础，除非这些国际标准或其中的相关部分对实现合法目标无效或不适当。"

（7）《中国—巴基斯坦自由贸易协定》文本"第三十九条合作领域"提到："缔约双方应鼓励各自领域的相关机构加强技术合作以全面有效履行 WTO 协定规定义务的目标，增进对体制的相互理解，便利市场准入。为此，缔约双方应鼓励各目标准领域的主管机构开展以下合作：（一）加强国际标准在技术法规中的基础作用；（二）促进机构和管理信息的相互合作与交流；以及（三）促进相关机构在多边和国际标准机构的双边协调。"

2. 贸易协定文本中含有"合格评定"关键词的条款

（1）《中国—巴基斯坦自由贸易协定》文本"第三十七条领域和范围"提

到:"除本协定第六章规定的卫生和植物卫生措施以外,本章适用于缔约双方所实施的,直接或间接影响货物贸易的全部标准、技术法规与合格评定程序。"

(2)《中国—巴基斯坦自由贸易协定》文本"第三十八条重申"提到:"缔约双方有关技术法规、标准和合格评定程序的权利和义务须符合世界贸易组织《技术性贸易壁垒协定》(TBT)的规定。"

(3)《中国—巴基斯坦自由贸易协定》文本"第三十九条合作领域"提到:"缔约双方应以便利双边贸易为目标在技术法规、合格评定程序领域加强合作。缔约双方应协商确定合作的优先领域和产品范围,根据贸易需求和实际能力逐步安排具体的合作实施计划。"

(4)《中国—巴基斯坦自由贸易协定》文本"第三十九条合作领域"提到:"只要有关国际标准已经存在或即将拟就,双方应以国际标准或者以国际标准的相关部分作为技术法规和相关合格评定程序的基础,除非这些国际标准或其中的相关部分对实现合法目标无效或不适当。"

(5)《中国—巴基斯坦自由贸易协定》文本"第四十条透明度"提到:"缔约双方应对方要求,应向另一缔约方通报根据相应技术法规实施的合格评定程序及其产品清单。"

(6)《中国—巴基斯坦自由贸易协定》文本"第四十一条实施"提到:"委员会职能包括:及时解决缔约双方提出的涉及技术法规、合格评定程序的制定、实施、执行等方面的问题;加强缔约双方在制定和完善技术法规、合格评定程序方面的合作。"

五、《中国—新西兰自由贸易协定》

2008年4月7日,中国与新西兰签署《中国—新西兰自由贸易协定》,并于2018年10月1日正式生效,该协定是中国同发达国家达成的第一个自由贸易协定。2016年11月20日,中国与新西兰共同宣布正式启动《中国—新西兰自由贸易协定》升级谈判。经过六轮升级谈判,2019年11月4日,中国和新西兰宣布正式结束两国之间的自由贸易协定升级谈判。

在《中国—新西兰自由贸易协定》文本中"质量"一词出现了3次,"标准"

一词出现了11次，没有出现"认证""认可""合格评定"关键词。相关条款涉及原产地规则及操作程序、贸易救济、卫生与植物卫生措施、技术性贸易壁垒、服务贸易、自然人移动等内容。涉及的具体条款如下。

1. 贸易协定文本中含有"质量"关键词的条款

（1）《中国—新西兰自由贸易协定》文本"第十二条消费者保护"提到："各方应当为利害关系方提供法律途径，防范在其境内销售根据其法律判定带有虚假、欺诈或误导性标识的产品，或带有可能使人对产品的性质、成分、质量、包括原产国在内的产地产生错误印象的标识的产品。"

（2）《中国—新西兰自由贸易协定》文本"第九十六条规章合作"提到："认识到良好规章手段与贸易便利化之间的重要联系，双方同意在标准、技术法规和合格评定领域寻求合作，从而……（二）提高双方技术法规的质量和有效性。"

（3）《中国—新西兰自由贸易协定》文本"第一百一十一条国内规制"提到："不得超过为保证服务质量所必需的负担。"

2. 贸易协定文本中含有"标准"关键词的条款

（1）《中国—新西兰自由贸易协定》文本"第十七条定义"提到："公认会计原则是指一方认可的，有关记录收入、支出、成本、资产及负债、信息披露以及编制财务报表的会计原则。上述原则既包括普遍适用的广泛性指导原则，也包括详细的标准、惯例及程序。"

（2）《中国—新西兰自由贸易协定》文本"第二十七条零售用包装材料及容器"提到："对于应当适用附件五所列税则归类改变标准的货物，如果零售用包装材料及容器与该货物一并归类，则在确定该货物的原产地时，零售用包装材料及容器应当不予考虑。"

（3）《中国—新西兰自由贸易协定》文本"第七十四条目标"提到："本章旨在：（一）支持和加强《SPS协定》以及相关国际组织制定的国际标准、指南和建议的实施。"

（4）《中国—新西兰自由贸易协定》文本"第七十七条实施安排"提到："《关于第七章的实施安排四（一）》：等效性的确定——确定等效性的原则、标准和过程。"

（5）《中国—新西兰自由贸易协定》文本"第七十七条实施安排"提到："在双方风险分析单位和/或专家之间建立直接的联系，加强对双方工作程序、适用方法和标准的沟通和理解。为促进风险分析进程的完成，双方将借鉴已完成的相关风险分析结果。"

（6）《中国—新西兰自由贸易协定》文本"第八十条适应地区条件"提到："双方应当共同制定适应地区条件相关原则、标准和程序，并将其记录在《关于第七章的实施安排三（一）》中。在对一区域或地区卫生状况进行确认时，应当遵循本《实施安排》中的原则、标准和程序。"

（7）《中国—新西兰自由贸易协定》文本"第八十一条等效性"提到："双方应当共同制定确定等效性的相关原则、标准和程序，并将其记录在《关于第七章的实施安排四（一）》中。在确定等效性过程中，应当遵循本《实施安排》中的原则、标准和程序。"

（8）《中国—新西兰自由贸易协定》文本"第八十一条等效性"提到："在等效性评估中，双方应当参照相关国际标准组织和WTO卫生与植物卫生委员会发布的与具体个案相关的指南，以及已有经验。"

（9）《中国—新西兰自由贸易协定》文本"第八十四条进口检查"提到："一旦在进口检查中发现进口货物不符合相关标准和/或要求，进口方采取的措施应当与货物存在的风险对应。"

（10）《中国—新西兰自由贸易协定》文本"第八十五条合作"提到："协调在区域和国际组织的立场，联合开发、制定并实施相关标准和程序。"

（11）《中国—新西兰自由贸易协定》文本"第八十七条信息交换"提到："对于所建议的可能影响本章内容的法规标准或者要求的变化，在其最终确定之前，应当给予考虑的机会。如一方认为有必要，可以根据第八十八条进行处理。"

六、《中国—新加坡自由贸易协定》

2006年10月26日，中国与新加坡启动第一次中国—新加坡自由贸易区谈判。经过接近两年共8轮的谈判磋商，2018年9月1—3日，中国与新加坡双方就协议全部内容达成一致，共同宣布中国—新加坡自由贸易区谈判圆满结束。2008年10月23日，中国与新加坡签署了《中国—新加坡自由贸易协定》，同时，双方还签署了《中国—新加坡关于双边劳务合作的谅解备忘录》。2009年1月1日《中国—新加坡自由贸易协定》正式生效。

在《中国—新加坡自由贸易协定》文本中"质量"一词出现了3次，"标准"一词出现了20次，"认证"一词出现了1次，"认可"一词出现了4次，"合格评定"一词出现了9次。相关条款涉及原产地规则、海关程序、卫生与植物卫生措施、技术性贸易壁垒、自然人移动等内容。涉及的具体条款如下。

1. 贸易协定文本中含有"质量"关键词的条款

（1）《中国—新加坡自由贸易协定》文本"第五十条信息交流与合作"提到："双方应在有共同利益的SPS与TBT相关领域加强信息交流与合作，如……（二）产品质量与安全的控制。"

（2）《中国—新加坡自由贸易协定》文本"第五十七条管理职权的保留"提到："本章不应……（二）阻止一方采取技术法规和SPS措施，以确保其进出口产品质量，或保护人类、动物或植物的生命或健康，保护环境，防止欺诈行为或者其他合法目标。"

（3）《中国—新加坡自由贸易协定》文本"第六十五条国内规制"提到："不得超过为保证服务质量所必需的负担。"

2. 贸易协定文本中含有"标准"关键词的条款

（1）《中国—新加坡自由贸易协定》文本"第十条定义"提到："公认的会计原则是指缔约一方记录收入、支出、成本、资产及负债、信息披露以及编制财务报表方面公认的会计准则。上述准则既包括普遍适用的概括性指导原则，也包括详细的标准、惯例及程序。"

（2）《中国—新加坡自由贸易协定》文本"第十条定义"提到："产品特定原产地规则是指明确规定材料经过税则归类改变或特定的制造或加工工序，或者满足从价百分比标准或上述任何一标准的混合体的规则。"

（3）《中国—新加坡自由贸易协定》文本"第十一条原产地标准"。

（4）《中国—新加坡自由贸易协定》文本"第二十四条总则"提到："双方的海关程序均应尽可能遵循世界海关组织所规定的标准及其推荐的做法。"

（5）《中国—新加坡自由贸易协定》文本"第四十六条范围"提到："本章适用于一方直接或间接影响双方之间贸易的全部卫生与植物卫生措施，全部技术法规、标准与合格评定程序。"

（6）《中国—新加坡自由贸易协定》文本"第五十条信息交流与合作"提到："双方应在有共同利益的 SPS 与 TBT 相关领域加强信息交流与合作，如……（四）技术法规、标准与合格评定程序。"

（7）《中国—新加坡自由贸易协定》文本"第五十条信息交流与合作"提到："应要求，各方应积极考虑另一方提出的对现有标准、技术法规与合格评定程序合作内容进行补充的提议。此类合作应以双方同意的条款和条件为基础，包括但不限于与标准、技术法规与合格评定程序的制定或适用有关的建议与技术合作。"

（8）《中国—新加坡自由贸易协定》文本"第五十一条国际标准"提到："只要有关国际标准已经存在或即将拟就，双方应当使用国际标准或其相关部分，作为技术法规和相关合格评定程序的基础，除非这些国际标准或其相关部分无法有效、恰当地实现法定目标。"

（9）《中国—新加坡自由贸易协定》文本"第五十一条国际标准"提到："在适当的情况下，双方应与国际标准化机构合作，以确保这些组织制定的、可能成为技术法规基础的国际标准能够便利贸易，不对国际贸易造成不必要的障碍。"

（10）《中国—新加坡自由贸易协定》文本"第五十一条国际标准"提到："在适当的情况下，双方在 WTO 技术性贸易壁垒委员会和 WTO 卫生与植物卫生措施委员会及其他相关国际或区域论坛讨论国际标准和相关议题时，应当加强沟通和协调。"

（11）《中国—新加坡自由贸易协定》文本"第五十四条透明度"提到："在适当的情况下，双方应通过电子或其他形式，向另一方提供最新的技术法规以及在技术法规中被引用或被用来判定符合这些技术法规的相关合格评定程序。各方应使另一方知晓在技术法规中被引用或被用来判定符合这些技术法规的相关标准。"

（12）《中国—新加坡自由贸易协定》文本"第五十五条联合工作组"提到："在合适的情况下，加强在标准化、技术法规和合格评定程序领域等非官方、区域性和多边论坛活动中的信息交流。"

（13）《中国—新加坡自由贸易协定》文本"第五十七条管理职权的保留"提到："本章不应……（四）迫使一方等效认可另一方的标准、技术法规或者SPS措施。"

（14）《中国—新加坡自由贸易协定》文本"第六十三条附加承诺"提到："对于没有列入第六十一条（市场准入）和第六十二条（国民待遇）下减让表的影响服务贸易的措施，可包括但不限于资格、标准或许可事项的措施，双方可进行承诺谈判，并将承诺纳入减让表。"

（15）《中国—新加坡自由贸易协定》文本"第六十五条国内规制"提到："为确保与资格要求、程序、技术标准和许可要求相关的各项措施不构成不必要的服务贸易壁垒，双方应当按照 GATS 第六条第四款，共同审议有关此类措施纪律的谈判结果，以将这些措施纳入本协定。"

（16）《中国—新加坡自由贸易协定》文本"第六十五条国内规制"提到："双方注意到此类纪律旨在特别确保如下要求：（一）依据客观、透明的标准，例如提供服务的能力。"

（17）《中国—新加坡自由贸易协定》文本"第六十五条国内规制"提到："对于第六十一条（市场准入）、第六十二条（国民待遇）、第六十三条（附加承诺）和第六十四条（具体承诺减让表）下做出具体承诺的部门，在本条第四款提及的纪律被纳入本协定之前，该方不得实施下列使本协定项下义务失效或减损的许可要求、资格要求或技术标准：1.不符合本条第四款第（一）项、第（二）项或第（三）项中所概述的标准的；2.该方对这些部门做出具体承诺时不可能合理预期的。（二）在确定一方是否符合第本条五款第（一）项下的义务时，应当考虑该方所使用的有关国际标准。"

（18）《中国—新加坡自由贸易协定》文本"第六十六条承认"提到："为使服务提供者达到获得授权、许可或证书的全部或部分标准或指标，并根据第三款要求，一方可承认或鼓励其相关主管部门承认在另一方获得的教育或经历、符合的要求或授予的许可或证书。承认可通过相关标准和指标的协调或其他方式实现，或通过双方或相关主管部门之间达成协议或安排，也可自动给予。"

（19）《中国—新加坡自由贸易协定》文本"第六十六条承认"提到："一

方给予承认的方式,在适用服务提供者获得授权、许可或证明的标准或指标时,不得在各国之间构成歧视,或构成对服务贸易的变相限制。"

(20)《中国—新加坡自由贸易协定》文本"第七十八条目标"提到:"本章的目标是,在认识到有必要保证边界安全和保护国内劳动力的同时,为临时入境建立透明的标准和简化的程序。这体现了双方的优惠贸易关系和便利自然人临时入境的共同愿望。"

3. 贸易协定文本中含有"认证"关键词的条款

《中国—新加坡自由贸易协定》文本"第五十二条合格评定程序"提到:"双方应就合格评定程序(包括检测、检验、认证、认可以及计量)开展信息交流,以推动承认对方的合格评定程序。"

4. 贸易协定文本中含有"认可"关键词的条款

(1)《中国—新加坡自由贸易协定》文本"第四十九条区域化"提到:"出口缔约方可以要求进口缔约方对其国内部分地区或全部地区作为有害生物或疫病非疫区进行认可。进口缔约方应积极考虑出口缔约方的请求,在进行评估后,可同意依据第一款规定对出口缔约方的有害生物或疫病非疫区进行承认。确定为有害生物或疫病非疫区后,进口缔约方应允许来自出口缔约方有害生物或疫病非疫区的农产品根据其 SPS 要求进入其市场。"

(2)《中国—新加坡自由贸易协定》文本"第五十二条合格评定程序"提到:"双方应就合格评定程序(包括检测、检验、认证、认可以及计量)开展信息交流,以推动承认对方的合格评定程序。"

(3)《中国—新加坡自由贸易协定》文本"第五十五条联合工作组"提到:"在适当的情况下,便利双方境内的认可与合格评定机构在具体领域的合作。"

(4)《中国—新加坡自由贸易协定》文本"第五十七条管理职权的保留"提到:"本章不应……(四)迫使一方等效认可另一方的标准、技术法规或者 SPS 措施。"

5. 贸易协定文本中含有"合格评定"关键词的条款

(1)《中国—新加坡自由贸易协定》文本"第四十六条范围"提到:"本章适用于一方直接或间接影响双方之间贸易的全部卫生与植物卫生措施,全部技术法规、标准与合格评定程序。"

（2）《中国—新加坡自由贸易协定》文本"第五十条信息交流与合作"提到："双方应在有共同利益的 SPS 与 TBT 相关领域加强信息交流与合作，如……（四）技术法规、标准与合格评定程序。"

（3）《中国—新加坡自由贸易协定》文本"第五十条信息交流与合作"提到："应要求，各方应积极考虑另一方提出的对现有标准、技术法规与合格评定程序合作内容进行补充的提议。此类合作应以双方同意的条款和条件为基础，包括但不限于与标准、技术法规与合格评定程序的制定或适用有关的建议与技术合作。"

（4）《中国—新加坡自由贸易协定》文本"第五十一条国际标准"提到："只要有关国际标准已经存在或即将拟就，双方应当使用国际标准或其相关部分，作为技术法规和相关合格评定程序的基础，除非这些国际标准或其相关部分无法有效、恰当地实现法定目标。"

（5）《中国—新加坡自由贸易协定》文本"第五十二条合格评定程序"提到："一、双方认识到彼此的合格评定法律体系制度存在差异，双方同意依照 TBT 协定的规定，探讨合格评定程序互认的可能性。二、双方应就合格评定程序（包括检测、检验、认证、认可以及计量）开展信息交流，以推动承认对方的合格评定程序。三、一方应积极考虑另一方提出的、通过互认协议或安排对在另一方境内进行的合格评定程序予以承认的请求。四、双方在本协定下达成的任何关于合格评定互认协议或安排应按第五十八条（关于附件的最终条款）的要求列入附件。"

（6）《中国—新加坡自由贸易协定》文本"第五十四条透明度"提到："双方应通过电子或其他形式，向另一方提供最新的技术法规以及在技术法规中被引用或被用来判定符合这些技术法规的相关合格评定程序。各方应使另一方知晓在技术法规中被引用或被用来判定符合这些技术法规的相关标准。"

（7）《中国—新加坡自由贸易协定》文本"第五十五条联合工作组"提到："在适当的情况下，便利双方境内的认可与合格评定机构在具体领域的合作。"

（8）《中国—新加坡自由贸易协定》文本"第五十五条联合工作组"提到："确保双方相关管理部门以适当的方式就中国—新加坡自由贸易区联合研究报告中确定的优先议题开展磋商谈判，特别是在电子电器设备合格评定互认、区域化,电信设备合格评定互认、等效性等方面。"

(9)《中国—新加坡自由贸易协定》文本"第五十五条联合工作组"提到:"在合适的情况下,加强在标准化、技术法规和合格评定程序领域等非官方、区域性和多边论坛活动中的信息交流。"

七、《中国—秘鲁自由贸易协定》

2007年9月7日,中国与秘鲁开始启动自贸区谈判。2008年11月19日,经过八轮谈判和一次工作组会议,中国与秘鲁共同宣布《中国—秘鲁自由贸易协定》谈判成功结束。2009年4月28日,双方在北京签署自贸协定。经双方友好协商并书面确认,《中国—秘鲁自由贸易协定》于2010年3月1日起实施,成为我国达成并实施的第8个自贸协定(含内地与港澳CEPA)。

在《中国—秘鲁自由贸易协定》文本中"质量"一词出现了3次,"标准"一词出现了23次,"认证"一词出现了9次,"合格评定"一词出现了18次,没有出现"认证"关键词。相关条款涉及原产地规则及与原产地相关的操作程序、海关程序及贸易便利化、贸易救济、卫生与植物卫生措施、技术性贸易壁垒、服务贸易、商务人员临时入境、投资等内容,涉及的具体条款如下。

1. 贸易协定文本中含有"质量"关键词的条款

(1)《中国—秘鲁自由贸易协定》文本"第一百一十条国内规制"提到:"不得比为保证服务质量所必须的限度更难以负担。"

(2)《中国—秘鲁自由贸易协定》文本"第一百五十四条教育"提到:"为了达到第一条的目标,缔约双方应鼓励各自教育相关机构、学院和组织在以下领域进行相互间和内部的交流,并适当的提供便利条件:(一)教育质量保障进程。"

(3)《中国—秘鲁自由贸易协定》文本"第一百五十四条教育"提到:"为了达到第一条的目标,缔约双方应鼓励各自教育相关机构、学院和组织在以下领域进行相互间和内部的交流,并适当的提供便利条件……(六)开发创新的质量保障资源。"

2. 贸易协定文本中含有"标准"关键词的条款

(1)《中国—秘鲁自由贸易协定》文本"第二十二条定义"提到:"公认会

计原则是指在一缔约方境内有关记录收入、支出、成本、资产及负债、信息披露以及编制财务报表方面的公认的一致意见或实质性权威支持。公认会计原则既包括普遍适用的概括性指导原则，也包括详细的标准、惯例及程序。"

（2）《中国—秘鲁自由贸易协定》文本"第五十七条贸易便利化委员会"提到："缔约双方应当建立贸易便利化委员会，并具有下列职能：（一）根据国际标准采用相关海关程序与标准，以便利双方间的商业来往。"

（3）《中国—秘鲁自由贸易协定》文本"第七十一条保障措施的标准"。

（4）《中国—秘鲁自由贸易协定》文本"第八十条适用范围和领域"提到："本章不适用于 WTO《技术性贸易壁垒协定》规定的标准、技术法规和合格评定程序。"

（5）《中国—秘鲁自由贸易协定》文本"第八十四条协调一致"提到："根据《SPS 协定》第 3 条和 WTO/SPS 委员会就实施该条所做的决定，双方应在各自卫生与植物卫生措施协调一致方面进行努力，并考虑相关国际组织制定的标准、指南和建议。"

（6）《中国—秘鲁自由贸易协定》文本"第八十四条协调一致"提到："如果这些国际标准、指南和建议不存在，缔约双方相应的措施应以科学为基础，并确保达到适当的卫生或植物卫生保护水平。"

（7）《中国—秘鲁自由贸易协定》文本"第九十三条目标"提到："本章旨在通过改善 WTO《技术性贸易壁垒协定》（以下简称《TBT 协定》）的实施增进和便利双边贸易；确保标准、技术法规和合格评定程序不对贸易造成不必要的障碍；加强双方之间的合作。"

（8）《中国—秘鲁自由贸易协定》文本"第九十五条适用范围"提到："本章条款适用于中央和地方政府可能直接或间接影响双边货物贸易的所有标准、技术法规和合格评定程序的制定、采纳和实施。"

（9）《中国—秘鲁自由贸易协定》文本"第九十六条国际标准"提到："缔约双方应在《TBT 协定》第 2.4 条和第 5.4 条规定的范围内，以相关国际标准、指南和建议为基础，制定各自的技术法规和合格评定程序。"

（10）《中国—秘鲁自由贸易协定》文本"第九十六条国际标准"提到："在确定《TBT 协定》第 2 条、第 5 条和附件 3 规定意义上的国际标准、指南或建议是否存在时，每一方应适用 WTO 技术性贸易壁垒委员会（TBT 委员会）于 2002 年 5 月 23 日发布的《委员会自 1995 年 1 月 1 日采纳的决定和建议》（G/TBT/1/Rev.8）的第 11 节'关于制定与协定第 2 条、第 5 条和附件 3 有关的国际标准、指南和建议的原则的决定'中设立的原则。"

（11）《中国—秘鲁自由贸易协定》文本"第九十六条国际标准"提到："各缔约方应鼓励其国家标准化机构在国际标准化活动中与另一方相关的国家标准化机构进行合作。该合作可以在双方都是成员的区域和国际标准化机构的活动中进行。"

（12）《中国—秘鲁自由贸易协定》文本"第九十八条合格评定"提到："各缔约方应以不低于对其境内合格评定机构的条件，认可或以其他方式承认另一方境内的合格评定机构。如果一方认可或以其他方式承认一个合格评定机构依据某一特定技术法规或标准进行合格评定，而拒绝认可或以其他方式承认另一方的合格评定机构依据该技术法规或标准进行合格评定，应请求，解释拒绝的原因。"

（13）《中国—秘鲁自由贸易协定》文本"第九十八条合格评定"提到："有强制性合格评定程序要求时，缔约双方应确保一方对原产于另一方境内的产品适用下列规定：（一）公布每一合格评定程序的标准处理时限，或应请求，告知申请人预期的处理时限。"

（14）《中国—秘鲁自由贸易协定》文本"第一百条技术合作"提到："缔约双方同意在标准、技术法规和合格评定程序领域开展合作，以便利向各自市场的准入。双方应特别考虑下列活动……（二）加强双方对应的标准化、技术法规、合格评定和计量机构的能力；（三）在标准、合格评定和计量领域国际组织活动中增强参与和协作。"

（15）《中国—秘鲁自由贸易协定》文本"第一百零一条技术性贸易壁垒委员会"提到："委员会的职能应包括……（四）进行标准化、技术法规和合格评定程序方面的信息交流，包括酌情交流其他论坛开展活动的信息；（五）在标准、技术法规和合格评定程序，包括计量领域促进并便利合作。"

（16）《中国—秘鲁自由贸易协定》文本"第一百零八条附加承诺"提到："各缔约方可就影响服务贸易但根据第一百零六条（国民待遇）或第一百零七

条（市场准入）不需列入减让表措施的承诺进行谈判，上述措施包括有关资格、标准或许可事项的措施。此类承诺应列入一缔约方减让表。"

（17）《中国—秘鲁自由贸易协定》文本"第一百一十条国内规制"提到："为保证相关资质要求和程序、技术标准和许可要求的各项措施不致构成不必要的服务贸易壁垒，缔约双方应努力确保上述措施:（一）依据客观的和透明的标准，例如提供服务的能力和资格。"

（18）《中国—秘鲁自由贸易协定》文本"第一百一十一条承认"提到："为使服务提供者获得授权、许可或证明的各自标准或准则得以全部或部分实施，在满足第三款条件下，一缔约方可承认在另一缔约方或非缔约方已获得的教育或经历、已满足的要求或已给予的许可或证明。此类可通过协调或其他方式实现的承认，可依据与另一缔约方或非缔约方的协定或安排，也可自动给予。"

（19）《中国—秘鲁自由贸易协定》文本"第一百一十一条承认"提到："如一缔约方与非缔约方有如第一款所述相互承认的协议或安排，无论其已有的或将来订立，如果另一缔约方有意，均应向另一缔约方提供谈判加入该协定或安排，或谈判同等协定的充分机会。如一缔约方自动给予承认，则应向另一缔约方提供充分机会，表明在另一缔约方境内的教育、经历、许可或已获得的证明或已满足的标准应予承认。"

（20）《中国—秘鲁自由贸易协定》文本"第一百一十一条承认"提到："一缔约方给予承认的方式不得构成在适用服务提供者获得授权、许可或证明的标准或准则时在各国间进行歧视的手段，或构成对服务贸易的变相限制。"

（21）《中国—秘鲁自由贸易协定》文本"第一百一十一条承认"提到："缔约双方应鼓励各自境内的相关机构通过将来的谈判达成双方可接受的关于专业服务提供者许可、临时许可和证明的标准或准则。"

（22）《中国—秘鲁自由贸易协定》文本"第一百一十六条总原则"提到："在第一百一十七条（一般义务）的基础上，本章旨在体现双方优惠贸易关系，在互惠基础上为商务人员临时入境提供便利的共同目标；并根据附件七（商务人员临时入境承诺），体现为商务人员临时入境建立透明度标准和程序的需要，体现确保边界安全，保护各自领土内国内劳动力和永久雇用的需要。"

（23）《中国—秘鲁自由贸易协定》文本"第一百三十二条公平公正待遇和完全的保护和安全"提到："为进一步明确，（一）'公平公正待遇'和'全面的保护和安全'的概念并不要求给予超出根据习惯国际法标准，给予外国人的最低待遇标准所要求之外的待遇。（二）违反了本协定的其他条款或其他国际协定，并不意味着违反外国人最低待遇标准。（三）'公平公正待遇'包括根据普遍接受的习惯国际法原则禁止在刑事、民事或行政程序中拒绝司法。（四）'全面的保护和安全'标准在任何情况下都不意味着给予投资者比投资所在缔约方国民更好的待遇。"

3. 贸易协定文本中含有"认可"关键词的条款

（1）《中国—秘鲁自由贸易协定》文本"第十条货物的临时准入"提到："无论其原产地，任一缔约方应给予下述货物以临时免税准入……（四）被认可用于体育活动的货物。"

（2）《中国—秘鲁自由贸易协定》文本"第十条货物的临时准入"提到："无论其原产地，各方应规定其海关或其他主管部门免除该进口者或该货物在本条款项下许可进口的其他责任人的任何产品无法再出口的责任。"

（3）《中国—秘鲁自由贸易协定》文本"第八十五条等效性"提到："如有必要，缔约双方应以相关国际组织和WTO/SPS委员会制定的相关程序为基础，积极考虑建立程序以加快卫生与植物卫生措施等效性的认可。"

（4）《中国—秘鲁自由贸易协定》文本"第八十五条等效性"提到："如果等效性的认可尚在进行中，缔约双方不得停止贸易，也不得实施比适用于双方贸易的有效卫生与植物卫生措施更为严格的措施，但发生卫生或植物卫生紧急情况时除外。"

（5）《中国—秘鲁自由贸易协定》文本"第九十八条合格评定"提到："各缔约方应以不低于对其境内合格评定机构的条件，认可或以其他方式承认另一方境内的合格评定机构。如果一方认可或以其他方式承认一个合格评定机构依据某一特定技术法规或标准进行合格评定，而拒绝认可或以其他方式承认另一方的合格评定机构依据该技术法规或标准进行合格评定，应请求，解释拒绝的原因。"

（6）《中国—秘鲁自由贸易协定》文本"第一百三十六条代位"提到："如

果一缔约方或其指定的机构，根据其对非商业风险的一项担保或保险合同，就在另一缔约方领土内的某项投资向投资者作了支付，另一缔约方应认可。"

（7）《中国—秘鲁自由贸易协定》文本"第一百五十四条教育"提到："缔约双方应重点鼓励……（二）在双方认可的领域内共同设计和执行项目，并在共识的领域协调项目活动。"

（8）《中国—秘鲁自由贸易协定》文本"第一百六十二条林业和环境保护"提到："为达到第一百四十九条（目标）之目标，缔约双方应重点通过合作、磋商的方式就林业合作达成双边协定，这种合作如下所述……（六）双方认可的其他活动。"

（9）《中国—秘鲁自由贸易协定》文本"第一百六十五条合作机制"提到："委员会应具备以下功能：（一）监督和评定缔约方认可的合作项目的执行。"

4. 贸易协定文本中含有"合格评定"关键词的条款

（1）《中国—秘鲁自由贸易协定》文本"第八十条适用范围和领域"提到："本章不适用于WTO《技术性贸易壁垒协定》规定的标准、技术法规和合格评定程序。"

（2）《中国—秘鲁自由贸易协定》文本"第九十三条目标"提到："本章旨在通过改善WTO《技术性贸易壁垒协定》（以下简称《TBT协定》）的实施增进和便利双边贸易；确保标准、技术法规和合格评定程序不对贸易造成不必要的障碍；加强双方之间的合作。"

（3）《中国—秘鲁自由贸易协定》文本"第九十五条适用范围"提到："本章条款适用于中央和地方政府可能直接或间接影响双边货物贸易的所有标准、技术法规和合格评定程序的制定、采纳和实施。"

（4）《中国—秘鲁自由贸易协定》文本"第九十六条国际标准"提到："缔约双方应在《TBT协定》第2.4条和第5.4条规定的范围内，以相关国际标准、指南和建议为基础，制定各自的技术法规和合格评定程序。"

（5）《中国—秘鲁自由贸易协定》文本"第九十八条合格评定"提到："缔约双方认识到，为便利在一方境内接受在另一方境内进行的合格评定程序结果，存在诸多机制。双方应就境内适用的各机制交换信息。"

（6）《中国—秘鲁自由贸易协定》文本"第九十八条合格评定"提到："在

接受合格评定程序的结果之前,为增强对对方的合格评定结果持续可靠性的信心,双方可以就对所涉合格评定机构的技术信心等事宜进行磋商。"

(7)《中国—秘鲁自由贸易协定》文本"第九十八条合格评定"提到:"一缔约方如不接受在另一缔约方境内进行的合格评定程序的结果,应请求,该方应解释其拒绝的原因。"

(8)《中国—秘鲁自由贸易协定》文本"第九十八条合格评定"提到:"各缔约方应以不低于对其境内合格评定机构的条件,认可或以其他方式承认另一方境内的合格评定机构。如果一方认可或以其他方式承认一个合格评定机构依据某一特定技术法规或标准进行合格评定,而拒绝认可或以其他方式承认另一方的合格评定机构依据该技术法规或标准进行合格评定,应请求,解释拒绝的原因。"

(9)《中国—秘鲁自由贸易协定》文本"第九十八条合格评定"提到:"如一缔约方拒绝另一方提出的为便利在其境内承认另一方境内进行的合格评定程序的结果而进行或结束谈判以达成协定的请求,应请求,解释其原因。"

(10)《中国—秘鲁自由贸易协定》文本"第九十八条合格评定"提到:"有强制性合格评定程序要求时,缔约双方应确保一方对原产于另一方境内的产品适用下列规定:(一)公布每一合格评定程序的标准处理时限,或应请求,告知申请人预期的处理时限;(二)经一缔约方请求,另一方应在30个工作日内提供在特定领域适用强制性合格评定程序的产品清单。产品清单应使用英文,并附带六位或六位以上 HS 编码。"

(11)《中国—秘鲁自由贸易协定》文本"第九十九条透明度"提到:"一缔约方根据《TBT 协定》向 WTO 秘书处通报的同时,应以电子方式向另一方根据《TBT 协定》第 10 条建立的咨询点通报:(一)拟议的技术法规和合格评定程序;(二)在出现安全、健康、环保或国家安全紧急问题或威胁时,为处理该问题而采纳的技术法规和合格评定程序。"

(12)《中国—秘鲁自由贸易协定》文本"第九十九条透明度"提到:"在第一款第(一)项规定的基础上,自通报拟议的技术法规和合格评定程序之日起,每一方应给予公众和对方至少 60 天的评议期,以便提供书面评议意见。一方应对延长评议期的合理要求给予积极考虑。"

（13）《中国—秘鲁自由贸易协定》文本"第九十九条透明度"提到："应请求，各缔约方应提供有关其已采纳或拟采纳的技术法规或合格评定程序的目标和宗旨方面的信息。"

（14）《中国—秘鲁自由贸易协定》文本"第九十九条透明度"提到："缔约双方应确保所有采纳的技术法规和合格评定程序都能在可公开登录的官方网站上获得。"

（15）《中国—秘鲁自由贸易协定》文本"第一百条技术合作"提到："缔约双方同意在标准、技术法规和合格评定程序领域开展合作，以便利向各自市场的准入。双方应特别考虑下列活动：（一）鼓励本章的实施；（二）加强双方对应的标准化、技术法规、合格评定和计量机构的能力。"

（16）《中国—秘鲁自由贸易协定》文本"第一百零一条技术性贸易壁垒委员会"提到："就一缔约方根据本章提出的关于制定、采纳或者实施标准、技术法规或合格评定程序及其他TBT事项进行讨论。"

（17）《中国—秘鲁自由贸易协定》文本"第一百零一条技术性贸易壁垒委员会"提到："进行标准化、技术法规和合格评定程序方面的信息交流，包括酌情交流其他论坛开展活动的信息。"

（18）《中国—秘鲁自由贸易协定》文本"第一百零一条技术性贸易壁垒委员会"提到："在标准、技术法规和合格评定程序，包括计量领域促进并便利合作。"

八、《中国—哥斯达黎加自由贸易协定》

2008年11月17日，中国与哥斯达黎加签署了《关于启动中哥自由贸易协定谈判的谅解备忘录》（以下简称"备忘录"）。根据备忘录，双方将于2008年1月举行首轮自由贸易协定谈判。2010年4月8日，中国与哥斯达黎加签署了《中国—哥斯达黎加自由贸易协定》，该协定是中国与中美洲国家签署的第一个一揽子自贸协定。《中国—哥斯达黎加自由贸易协定》经中哥双方友好协商并书面确认，于2011年8月1日起正式生效，成为中国达成并实施的第10个自贸协定。

在《中国—哥斯达黎加自由贸易协定》文本中"质量"一词出现了3次，

"标准"一词出现了30次,"认证"一词出现了1次,"认可"一词出现了5次,"合格评定"一词出现了11次。相关条款涉及原产地规则及相关操作程序、海关手续、贸易救济、卫生与植物卫生措施、技术性贸易壁垒、投资,服务贸易和商务人员临时入境、争端解决等内容。涉及的具体条款如下。

1. 贸易协定文本中含有"质量"关键词的条款

(1)《中国—哥斯达黎加自由贸易协定》文本"第九十六条国内规制"提到:"为保证相关资质要求和程序、技术标准和许可要求的各项措施不致构成不必要的服务贸易壁垒,缔约双方应努力确保上述措施……(二)不得比为保证服务质量所必须的限度更难以负担。"

(2)《中国—哥斯达黎加自由贸易协定》文本"第一百二十三条农业合作"提到:"缔约方认识到农业对两国均是核心内容,提升此经济领域将改善生活质量和社会经济发展。"

(3)《中国—哥斯达黎加自由贸易协定》文本"第一百二十三条农业合作"提到:"要发展并转化用于提高农业和畜牧业生产质量并降低环境影响的技术。"

2. 贸易协定文本中含有"标准"关键词的条款

(1)《中国—哥斯达黎加自由贸易协定》文本"第二十条定义"提到:"公认的会计原则指在缔约一方境内有关记录收入、支出、成本、资产及负债、信息披露以及编制财务报表方面的公认的一致意见或实质性权威支持。公认会计原则既包括普遍适用的概括性指导原则,也包括详细的标准、惯例及程序。"

(2)《中国—哥斯达黎加自由贸易协定》文本"第二十条定义"提到:"产品特定规则指生产过程中所使用的非原产材料,在缔约一方或双方经过制造加工后,所得货品必须满足的税则归类改变、从价百分比或特定加工工序,或者上述标准的组合规则。"

(3)《中国—哥斯达黎加自由贸易协定》文本"第二十三条产品特定规则"提到:"除本章另有规定外,在缔约一方或双方境内使用非原产材料生产的货物,在确定其原产地资格时应当符合所规定的相应原产地标准,如附件三(产品特定原产地规则)所列的税则归类改变、区域价值成分、加工工序规则,上述规则的组合或其他要求。"

（4）《中国—哥斯达黎加自由贸易协定》文本"第二十四条税则归类改变"提到："在适用第二十三条（产品特定规则）所规定的税则归类改变标准时，非原产材料在缔约一方或双方境内经过制造加工后，所得货物必须发生附件三（产品特定原产地规则）所规定的税则归类改变，才能赋予原产地资格。为此，《商品名称及编码协调制度》应当作为货物归类的依据。"

（5）《中国—哥斯达黎加自由贸易协定》文本"第二十五条区域价值成分。"

（6）《中国—哥斯达黎加自由贸易协定》文本"第二十六条加工工序"提到："在适用第二十三条（产品特定规则）所规定的加工工序标准时，货物只有在缔约一方或双方境内经过附件三（产品特定原产地规则）所规定的加工工序后，才能赋予原产地资格。"

（7）《中国—哥斯达黎加自由贸易协定》文本"第三十三条包装及容器"提到："对于应当适用附件三（产品特定原产地规则）所列税则归类改变标准的货物，如果零售用包装材料及容器与该货物一并归类，则在确定该货物的原产地时，零售用包装材料及容器不予考虑。但是，对于必须满足区域价值成分要求的货物，在确定该货物的原产地时，零售用包装材料及容器的价值应当视情作为原产材料或非原产材料予以考虑。"

（8）《中国—哥斯达黎加自由贸易协定》文本"第五十六条预裁定"提到："海关当局认为对于最初做出裁定所依据的事实和情况应当适用不同的标准。在这种情况下，修订或撤销应当自变更之日起执行，且在任何情况下均不得与已生效的决议相抵触。"

（9）《中国—哥斯达黎加自由贸易协定》文本"第五十七条目标"提到："支持和加强《实施卫生与植物卫生措施协定》以及相关国际组织制定的适用的国际标准、指南和建议的实施。"

（10）《中国—哥斯达黎加自由贸易协定》文本"第六十一条区域化"提到："双方承认SPS协定第6条规定的区域化原则是妥善和积极解决各自关注问题的手段，同时考虑相关国际组织制定的适当标准或指南以及WTO/SPS委员会通过的决议。"

（11）《中国—哥斯达黎加自由贸易协定》文本"第六十二条等效性"提

到:"为等效认可,双方应考虑相关国际组织制定的与特定个案有关的国际标准、指南和建议,以及 WTO/SPS 委员会通过的决议。"

(12)《中国—哥斯达黎加自由贸易协定》文本"第六十八条目标"提到:"推动和增加货物贸易,避免和消除因制定、采纳和实施技术法规、标准及合格评定程序对双边贸易造成不必要的壁垒。"

(13)《中国—哥斯达黎加自由贸易协定》文本"第六十九条范围"提到:"本章适用于一缔约方所实施的,直接或间接影响货物贸易的全部技术法规、标准与合格评定程序,但第六章(卫生与植物卫生措施)的卫生和植物卫生措施或政府机构为政府机构的生产或消费要求制定的采购规格除外。"

(14)《中国—哥斯达黎加自由贸易协定》文本"第七十一条权利与义务的重申"提到:"缔约双方重申各自在《TBT 协定》下的权利和义务。本章的任何规定不得阻碍一缔约方根据《TBT 协定》的权利和义务制定或者维持技术法规、标准和合格评定程序。"

(15)《中国—哥斯达黎加自由贸易协定》文本"第七十二条技术法规"提到:"缔约双方同意使用有关国际标准作为技术法规的基础,该国际标准对追求的合法目标无效或不当时除外。"

(16)《中国—哥斯达黎加自由贸易协定》文本"第七十三条标准"提到:"缔约双方重申有义务确保各自的中央政府标准化机构接受并遵守《TBT 协定》附件 3'关于制定、采用和实施标准的良好行为规范'的要求。"

(17)《中国—哥斯达黎加自由贸易协定》文本"第七十三条标准"提到:"缔约双方同意在国际标准化活动中协调立场,并在可能的情况下相互支持。"

(18)《中国—哥斯达黎加自由贸易协定》文本"第七十三条标准"提到:"缔约双方承诺加强标准化机构之间的合作,包括但不仅限于信息和经验交流。"

(19)《中国—哥斯达黎加自由贸易协定》文本"第七十三条标准"提到:"缔约双方应确保执行 TBT 委员会 1995 年 1 月 1 日以来通过的《委员会关于制定与〈TBT 协定〉第 2 条、第 5 条和附件 3 有关的国际标准、指南和建议的若干原则的决议》(G/TBT/1/Rev.9,2008 年 9 月 8 日)中规定的原则。"

(20)《中国—哥斯达黎加自由贸易协定》文本"第七十六条技术合作"提

到:"缔约双方同意负责 TBT 事务主管机构之间开展协作对促进双边贸易具有重要性。缔约双方承诺在下述领域开展合作:(一)增进对双方体制的相互了解,加强主管机构之间在技术法规、标准、合格评定程序和良好法规规范方面的沟通与协作。"

(21)《中国—哥斯达黎加自由贸易协定》文本"第七十七条技术性贸易壁垒委员会"提到:"TBT 委员会应具有下述职能……(三)促进技术法规、标准和合格评定程序方面的信息交流,并加强该领域的合作。"

(22)《中国—哥斯达黎加自由贸易协定》文本"第八十条最终双边保障措施的标准"。

(23)《中国—哥斯达黎加自由贸易协定》文本"第九十四条附加承诺"提到:"各缔约方可就影响服务贸易但根据第九十二条(国民待遇)或第九十三条(市场准入)不需列入减让表措施的承诺进行谈判,上述措施包括有关资格、标准或许可事项的措施。此类承诺应列入一缔约方减让表。"

(24)《中国—哥斯达黎加自由贸易协定》文本"第九十六条国内规制"提到:"为保证相关资质要求和程序、技术标准和许可要求的各项措施不致构成不必要的服务贸易壁垒,缔约双方应努力确保上述措施:(一)依据客观的和透明的标准,例如提供服务的能力和资格。"

(25)《中国—哥斯达黎加自由贸易协定》文本"第九十七条承认"提到:"为使服务提供者获得授权、许可或证明的各自标准或准则得以全部或部分实施,在满足第三款条件下,一缔约方可承认在另一缔约方或非缔约方已获得的教育或经历、已满足的要求或已给予的许可或证明。此类可通过协调或其他方式实现的承认,可依据与另一缔约方或非缔约方的协定或安排,也可自动给予。"

(26)《中国—哥斯达黎加自由贸易协定》文本"第九十七条承认"提到:"如一缔约方与非缔约方有如第一款所述相互承认的协议或安排,无论其已有的或将来订立,如果另一缔约方有意,均应向另一缔约方提供谈判加入该协定或安排,或谈判同等协定的充分机会。如一缔约方自动给予承认,则应向另一缔约方提供充分机会,表明在另一缔约方境内的教育、经历、许可或已获得的证明或已满足的标准应予承认。"

（27）《中国—哥斯达黎加自由贸易协定》文本"第九十七条承认"提到："一缔约方给予承认的方式不得构成在适用服务提供者获得授权、许可或证明的标准或准则时在各国间进行歧视的手段，或构成对服务贸易的变相限制。"

（28）《中国—哥斯达黎加自由贸易协定》文本"第九十七条承认"提到："缔约双方应鼓励各自境内的相关机构通过将来的谈判达成双方可接受的关于专业服务提供者许可、临时许可和证明的标准或准则。"

（29）《中国—哥斯达黎加自由贸易协定》文本"第一百零二条总原则"提到："本节旨在体现双方优惠贸易关系，根据国内法律法规及附件七（具体承诺表）为商务人员临时入境提供便利的共同目标；体现为商务人员临时入境建立透明度标准和程序的需要，体现确保边界安全，保护各自领土内国内劳动力和永久雇用的需要。"

（30）《中国—哥斯达黎加自由贸易协定》文本"第一百四十六条专家组的组成"提到："如果专家组主席没有能够根据第四段的程序进行指定，任一缔约方可以要求 WTO 总干事在收到请求之日起 10 日内指定专家组主席。由此指定的专家组主席应当为 WTO 有经验的专家，并且应当符合缔约方规定的遴选标准。"

3. 贸易协定文本中含有"认证"关键词的条款

《中国—哥斯达黎加自由贸易协定》文本"第七十四条合格评定程序"提到："缔约双方同意就合格评定程序包括检测、检验、认证、认可以及计量等，进行信息交流，在符合《TBT 协定》规定及双方有关国内法律法规规定的情况下，协商签署合格评定领域的合作协议。"

4. 贸易协定文本中含有"认可"关键词的条款

（1）《中国—哥斯达黎加自由贸易协定》文本"第十条货物的临时准入"提到："无论其原产地，任一缔约方应给予下述货物以临时免税准入……（四）被认可用于体育活动的货物。"

（2）《中国—哥斯达黎加自由贸易协定》文本"第十条货物的临时准入"提到："各方应规定其海关或其他主管部门免除该进口者或该货物在本条款项下许可进口的其他责任人的任何产品无法再出口的责任。"

（3）《中国—哥斯达黎加自由贸易协定》文本"第六十二条等效性"提到：

"为等效认可,双方应考虑相关国际组织制定的与特定个案有关的国际标准、指南和建议,以及 WTO/SPS 委员会通过的决议。"

(4)《中国—哥斯达黎加自由贸易协定》文本"第七十四条合格评定程序"提到:"缔约双方同意就合格评定程序包括检测、检验、认证、认可以及计量等,进行信息交流,在符合《TBT 协定》规定及双方有关国内法律法规规定的情况下,协商签署合格评定领域的合作协议。"

(5)《中国—哥斯达黎加自由贸易协定》文本"第七十四条合格评定程序"提到:"缔约双方在开展合格评定合作时,应考虑各自机构参加国际实验室认可合作组织(ILAC)、国际计量局(BIPM)和国际法制计量组织(OIML)和其他有关国际组织的情况。"

5. 贸易协定文本中含有"合格评定"关键词的条款

(1)《中国—哥斯达黎加自由贸易协定》文本"第六十八条目标"提到:"推动和增加货物贸易,避免和消除因制定、采纳和实施技术法规、标准及合格评定程序对双边贸易造成不必要的壁垒。"

(2)《中国—哥斯达黎加自由贸易协定》文本"第六十九条范围"提到:"本章适用于一缔约方所实施的,直接或间接影响货物贸易的全部技术法规、标准与合格评定程序,但第六章(卫生与植物卫生措施)的卫生和植物卫生措施或政府机构为政府机构的生产或消费要求制定的采购规格除外。"

(3)《中国—哥斯达黎加自由贸易协定》文本"第七十一条权利与义务的重申"提到:"缔约双方重申各自在《TBT 协定》下的权利和义务。本章的任何规定不得阻碍一缔约方根据《TBT 协定》的权利和义务制定或者维持技术法规、标准和合格评定程序。"

(4)《中国—哥斯达黎加自由贸易协定》文本"第七十四条合格评定程序"提到:"缔约双方认识到,为便利合格评定程序和结果的接受,存在诸多机制。"

(5)《中国—哥斯达黎加自由贸易协定》文本"第七十四条合格评定程序"提到:"缔约双方同意就合格评定程序包括检测、检验、认证认可以及计量等,进行信息交流,在符合《TBT 协定》规定及双方有关国内法律法规规定的情况下,协商签署合格评定领域的合作协议。"

（6）《中国—哥斯达黎加自由贸易协定》文本"第七十四条合格评定程序"提到："缔约双方在开展合格评定合作时，应考虑各自机构参加国际实验室认可合作组织（ILAC）、国际计量局（BIPM）和国际法制计量组织（OIML）和其他有关国际组织的情况。"

（7）《中国—哥斯达黎加自由贸易协定》文本"第七十四条合格评定程序"提到："当一缔约方要求强制性合格评定程序时，经另一缔约方请求，该方承诺以英文提供该程序管辖的产品清单。"

（8）《中国—哥斯达黎加自由贸易协定》文本"第七十四条合格评定程序"提到："缔约双方同意鼓励合格评定机构开展更密切的合作，以推动缔约双方间合格评定结果的接受。"

（9）《中国—哥斯达黎加自由贸易协定》文本"第七十五条透明度"提到："缔约双方应确保公布所有实施的技术法规和合格评定程序，并应请求，向另一缔约方免费提供。"

（10）《中国—哥斯达黎加自由贸易协定》文本"第七十六条技术合作"提到："增进对双方体制的相互了解，加强主管机构之间在技术法规、标准、合格评定程序和良好法规规范方面的沟通与协作。"

（11）《中国—哥斯达黎加自由贸易协定》文本"第七十七条技术性贸易壁垒委员会"提到："TBT委员会应具有下述职能……（三）促进技术法规、标准和合格评定程序方面的信息交流，并加强该领域的合作。"

九、《中国—冰岛自由贸易协定》

中国—冰岛自由贸易区谈判于2006年12月启动，前后进行了4轮谈判，2009年，因冰岛提出加入欧盟申请，双方谈判中止。2012年4月，中冰两国重启自由贸易区谈判。后经2轮谈判，双方于2013年1月结束实质性谈判，就协定内容达成一致。2013年4月15日，中国与冰岛签署了《中国—冰岛自由贸易协定》，该协定是我国与欧洲国家签署的第一个自由贸易协定。

在《中国—冰岛自由贸易协定》文本中"质量"一词出现了1次，"标准"一词出现了12次，"认证"一词出现了1次，"认可"一词出现了2次，"合格评定"一词出现了6次。相关条款涉及货物贸易、原产地规则、海关手续与贸易便利化等内容，涉及的具体条款如下。

1. 贸易协定文本中含有"质量"关键词的条款

《中国—冰岛自由贸易协定》文本"第五十三条风险管理"提到："为进行海关监管，双方应运用风险管理。各方应根据各自现行的风险评估手段决定包括运输工具在内的需要进行查验的人员、货物物品，以及需查验的程度。双方应采用企业守法评估策略以支持风险管理的应用。这并不排除有关方采用质量控制以及需要进行更加详细检查的企业守法评估措施。"

2. 贸易协定文本中含有"标准"关键词的条款

（1）《中国—冰岛自由贸易协定》文本"第二十条技术性贸易壁垒"提到："本条旨在：（二）加强双方在技术法规、标准与合格评定程序领域的合作，降低贸易成本，促进和便利缔约双方贸易。"

（2）《中国—冰岛自由贸易协定》文本"第二十条技术性贸易壁垒"提到："本条适用于除第十九条的卫生和植物卫生措施之外的所有直接或间接影响双方间货物贸易的技术法规、标准与合格评定程序。"

（3）《中国—冰岛自由贸易协定》文本"第二十条技术性贸易壁垒"提到："双方有关技术法规、标准与合格评定程序的权利和义务须遵循世界贸易组织《技术性贸易壁垒协定》（以下简称《TBT 协定》）。本条的任何规定不得阻碍一方根据《TBT 协定》规定的权利和义务采用或者维持技术法规、标准和合格评定程序。"

（4）《中国—冰岛自由贸易协定》文本"第二十条技术性贸易壁垒"提到："当相关国际标准已经存在或即将拟就，双方须使用这些国际标准或其中的相关部分，作为其技术法规和相关合格评定程序的基础，除非这些国际标准或其中的相关部分对达到合法管理目标无效或不适当。"

（5）《中国—冰岛自由贸易协定》文本"第二十条技术性贸易壁垒"提到："为增进对彼此 TBT 体系的了解，便利各自的市场准入，双方应特别加强下列领域的合作，包括但不限于：（一）加强在参与国际标准化机构和世界贸易组织技术性贸易壁垒委员会活动时的合作、沟通与协调；（二）加强双方主管机构间的交流，及时交换有关技术法规、标准、合格评定程序、良好管理规范的信息；（三）为实施本条要求，加快有关技术法规、标准、合格评定程序的信息交流，并积极考虑任何书面提出的磋商请求。"

（6）《中国—冰岛自由贸易协定》文本"第二十条技术性贸易壁垒"提到："在不影响第三款规定的情况下，双方须根据一方书面要求尽快召开专家会议，解决具体技术法规、标准与合格评定程序实施中产生的问题，以及一方认为已造成或可能造成贸易障碍的问题，以找到符合《TBT 协定》的适当解决办法。"

（7）《中国—冰岛自由贸易协定》文本"第三十一条零售用包装材料和容器"提到："对于应当适用附件 4 所列税则归类改变标准的货物，如果零售用包装材料及容器与该货物一并归类，则在确定该货物的原产地时，零售用包装材料及容器应该不予考虑。但是，对于必须满足区域价值成分标准要求的货物，在确定该货物的原产地时，零售用包装材料及容器的价值应当视情作为原产材料或非原产材料予以考虑。"

（8）《中国—冰岛自由贸易协定》文本"第四十六条总则"提到："双方同意将以下原则作为有关当局制定并管理的贸易便利化措施的基础……（二）国际标准的推广使用……（五）为本国商界利益提供高标准的公共服务。"

（9）《中国—冰岛自由贸易协定》文本"第五十二条简化海关手续"提到："各方应尽可能地在货物贸易及其相关服务中以各自施行的国际标准为基础进行实施，以减少在双边贸易中的贸易成本和不必要的延误，尤其是世界海关组织的标准与推荐做法，包括经修订的简化和协调海关制度的国际公约（经修订的京都公约）。"

（10）《中国—冰岛自由贸易协定》文本"第五十五条经认证的经营者"提到："一方在实施对国际贸易流动会产生影响的经认证的经营者制度或安全措施时，应当……（二）借鉴相关的国际标准，特别是世界海关组织的标准框架的做法。"

（11）《中国—冰岛自由贸易协定》文本"第五十六条货物的暂时进口"提到："各方应根据各自国内法以及各自施行的国际标准便利暂时进口的货物。"

（12）《中国—冰岛自由贸易协定》文本"第六十条磋商"提到："为在本协定下进一步便利双边贸易，各方应各自制定并向对方通报，合适时，双方应向联合委员会确认并提交可进一步促进双边贸易便利化的领域如下……

(四)有关标准的推广及使用。"

3. 贸易协定文本中含有"认证"关键词的条款

《中国—冰岛自由贸易协定》文本"第五十五条经认证的经营者"提到:"一方在实施对国际贸易流动会产生影响的经认证的经营者制度或安全措施时,应当:(一)向另一方提供就认证和安全措施互认进行商谈的可能性,以保证在有效进行海关监管的同时促进国际贸易的便利;(二)借鉴相关的国际标准,特别是世界海关组织的标准框架的做法。"

4. 贸易协定文本中含有"认可"关键词的条款

(1)《中国—冰岛自由贸易协定》文本"第二十条技术性贸易壁垒"提到:"关于合格评定程序……(三)一方须积极考虑另一方关于通过相互认可协议或互认安排对另一方境内机构开展的合格评定程序予以承认的请求。"

(2)《中国—冰岛自由贸易协定》文本"第三十三条直接运输"提到:"在货物申报进口时,应当向进口方海关提交上述非缔约方海关所出具的证明文件,或者其他进口方海关认可的证明文件,以证明货物符合上述第二款的规定。"

5. 贸易协定文本中含有"合格评定"关键词的条款

(1)《中国—冰岛自由贸易协定》文本"第二十条技术性贸易壁垒"提到:"一、本条旨在:(一)便利双方建立更广泛的信息交流与合作机制,增进对彼此管理体制的相互了解;(二)加强双方在技术法规、标准与合格评定程序领域的合作,降低贸易成本,促进和便利缔约双方贸易;(三)有效解决双边贸易中出现的问题。二、本条适用于除第十九条的卫生和植物卫生措施之外的所有直接或间接影响双方间货物贸易的技术法规、标准与合格评定程序。"

(2)《中国—冰岛自由贸易协定》文本"第二十条技术性贸易壁垒"提到:"双方有关技术法规、标准与合格评定程序的权利和义务须遵循世界贸易组织《技术性贸易壁垒协定》(以下简称《TBT协定》)。本条的任何规定不得阻碍一方根据《TBT协定》规定的权利和义务采用或者维持技术法规、标准和合格评定程序。"

(3)《中国—冰岛自由贸易协定》文本"第二十条技术性贸易壁垒"提到:"当相关国际标准已经存在或即将拟就,双方须使用这些国际标准或其中的相关部分,作为其技术法规和相关合格评定程序的基础,除非这些国际标准或其中的相关部分对达到合法管理目标无效或不适当。"

(4)《中国—冰岛自由贸易协定》文本"第二十条技术性贸易壁垒"提到:"关于合格评定程序:(一)双方认识到双方的合格评定法律体系存在差异,同意依照世界贸易组织《TBT 协定》规定,探索合格评定程序互认的可能性;(二)双方须就合格评定体系开展信息交流,以推动双方合格评定程序的互认;(三)一方须积极考虑另一方关于通过相互认可协议或互认安排对另一方境内机构开展的合格评定程序予以承认的请求。"

(5)《中国—冰岛自由贸易协定》文本"第二十条技术性贸易壁垒"提到:"为增进对彼此 TBT 体系的了解,便利各自的市场准入,双方应特别加强下列领域的合作,包括但不限于:(一)加强在参与国际标准化机构和世界贸易组织技术性贸易壁垒委员会活动时的合作、沟通与协调;(二)加强双方主管机构间的交流,及时交换有关技术法规、标准、合格评定程序、良好管理规范的信息;(三)为实施本条要求,加快有关技术法规、标准、合格评定程序的信息交流,并积极考虑任何书面提出的磋商请求。"

(6)《中国—冰岛自由贸易协定》文本"第二十条技术性贸易壁垒"提到:"在不影响第三款规定的情况下,双方须根据一方书面要求尽快召开专家会议,解决具体技术法规、标准与合格评定程序实施中产生的问题,以及一方认为已造成或可能造成贸易障碍的问题,以找到符合《TBT 协定》的适当解决办法。"

十、《中国—瑞士自由贸易协定》

2011 年 1 月 28 日,中国—瑞士自由贸易区谈判正式启动,当日,中国与瑞士签署了《关于启动中瑞自贸协定谈判的谅解备忘录》。2013 年 5 月 24 日,中国与瑞士双方经过 9 轮谈判,就实质性问题达成一致,双方签署《关于结束中国—瑞士自由贸易协定谈判的谅解备忘录》。2013 年 7 月,中国与瑞士签署了《中国—瑞士自由贸易协定》,该协定于 2014 年 7 月 1 日正式生效。

在《中国—瑞士自由贸易协定》文本中"质量"一词出现了 3 次,"标准"一词出现了 26 次,"认证"一词出现了 4 次,"认可"一词出现了 3 次,"合格评定"一词出现了6次。相关条款涉及原产地规则和实施程序、海关手续和贸易便利化、贸易救济、技术性贸易壁垒、卫生与植物卫生措施、服务贸易、知识产权保护、环境问题等内容。涉及的具体条款如下。

1. 贸易协定文本中含有"质量"关键词的条款

（1）《中国—瑞士自由贸易协定》文本"第8.7条国内法规"提到："每一缔约方应保证有关资格要求和程序、技术标准，许可要求和程序的各项措施依据客观的和透明的标准，例如提供服务的能力和资格，不得比为保证服务质量所必需的限度更难以负担。每一缔约方应保证许可程序本身不成为对服务提供的限制。"

（2）《中国—瑞士自由贸易协定》文本"第11.13条地理标志"提到："在本协定中，'地理标志'是用于明确商品原产于缔约一方的领土，或领土内的一个区域或一个地方的标志，且该商品的特定质量、声誉或其他特性本质上归因于其地理来源。"

（3）《中国—瑞士自由贸易协定》文本"第13.3条合作领域"提到："本协定第13.7条提及的工作方案中列明的合作，可涵盖由缔约双方共同确定的可能使缔约双方因贸易和投资增长而获益的任何领域。合作包括但不限于以下几个领域……（五）质量监督，检验检疫。"

2. 贸易协定文本中含有"标准"关键词的条款

（1）《中国—瑞士自由贸易协定》文本"第3.5条微小含量"提到："尽管有本协定第3.4条的第一款，只要总价值不超过产品出厂价的10%，非原产材料无须满足附件二的规定。"

（2）《中国—瑞士自由贸易协定》文本"第3.5条微小含量"提到："本条款不适用于附件二中规定的增值标准。"

（3）《中国—瑞士自由贸易协定》文本"第3.8条标准单元"提到："产品或材料的标准单元应根据协调制度的规定来确定，作为确定原产地的基本单元。"

（4）《中国—瑞士自由贸易协定》文本"第3.8条标准单元"提到："根据第一款，（一）根据协调制度的归类总规则三可归到一个单一品目或子目项下的成套货品应视作一个标准单元。"

（5）《中国—瑞士自由贸易协定》文本"第4.3条总则"提到："为维护本国企业界的利益并通过此协定为企业界创造良好的贸易环境，缔约双方同意将以下原则作为有关部门制定和管理贸易便利化措施的基础……（五）高标准的公共服务。"

（6）《中国—瑞士自由贸易协定》文本"第4.7条国际贸易手续简化"提到："缔约双方应使用基于适当国际标准的高效的贸易手续，以减少在双方贸易往来中的贸易成本和不必要的延误，尤其是世界海关组织（以下简称WCO）的标准与推荐做法，包括经修订的简化和协调海关制度的国际公约（经修订的京都公约）。"

（7）《中国—瑞士自由贸易协定》文本"第4.12条海关稽查"提到："缔约一方在实施对国际贸易流动产生影响的经认证经营者制度或安全措施时，应当……（二）借鉴相关的国际标准，特别是WCO的标准框架的做法。"

（8）《中国—瑞士自由贸易协定》文本"第4.18条进口和出口加工"提到："依照国际标准和做法在国内法中明确的相关条款，每一缔约方应允许货物的进口和出口加工。"

（9）《中国—瑞士自由贸易协定》文本"第4.23条海关手续与贸易便利化事务分委会"提到："分委会应负责以下事务……（五）便利缔约双方间货物贸易的包括国内及国际标准在内的海关实践。"

（10）《中国—瑞士自由贸易协定》文本"第5.5条双边保障措施标准"。

（11）《中国—瑞士自由贸易协定》文本"第6.1条目标"提到："本章旨在……（四）加强缔约双方在技术法规、标准与合格评定程序领域的合作。"

（12）《中国—瑞士自由贸易协定》文本"第6.2条申明"提到："除本章另有规定外，就技术法规、标准与合格评定程序而言，《TBT协定》应在缔约双方之间适用，并经必要修订后纳入本协定，构成本协定的一部分。"

（13）《中国—瑞士自由贸易协定》文本"第6.3条范围和定义"提到："本章适用于缔约双方所有的标准、技术法规和合格评定程序，但不适用本协定第七章所定义的卫生与植物卫生措施以及政府机构为其生产或消费要求所制定的采购要求。"

（14）《中国—瑞士自由贸易协定》文本"第6.4条国际标准"提到："为实

施本章之目的,尤其由国际标准化组织(ISO)、国际电工委员会(IEC)、国际电信联盟(ITU)、国际食品法典委员会(CAC)颁布的标准,应被视为《TBT协定》第2.4条所称相关国际标准。"

(15)《中国—瑞士自由贸易协定》文本"第6.5条技术合作"提到:"缔约双方应加强以下领域的技术合作,以增加对各自体系的相互了解,加强能力建设,便利双边贸易:(一)国际标准化机构和世贸组织技术性贸易壁垒委员会的活动;(二)缔约双方主管机构之间的交流,关于技术法规、标准、合格评定程序和良好法规规范的信息交换;(三)增强国际标准作为技术法规和合格评定程序基础的作用;(四)促进以国际标准化组织(ISO)和国际电工委员会(IEC)相关标准和指南为基础对合格评定机构的认可。"

(16)《中国—瑞士自由贸易协定》文本"第6.10条审议条款"提到:"在审议中,如缔约双方与某个第三方都就标准、技术法规和合格评定程序缔结了合作安排,缔约双方应考虑就给予第三方的优惠待遇进入谈判程序。"

(17)《中国—瑞士自由贸易协定》文本"第7.4条协调"提到:"为尽可能广泛地协调卫生与植物卫生措施,如果国际食法典委员会(CAC)、世界动物卫生组织(OIE)和在《国际植物保护公约》(IPPC)框架内运作的相关国际和区域组织确定的国际标准、指南和建议已经存在或即将拟就,缔约双方应将其作为制定卫生与植物卫生措施的基础。"

(18)《中国—瑞士自由贸易协定》文本"第7.5条适应地区条件"提到:"缔约双方注意到世贸组织SPS委员会通过的《关于进一步切实实施卫生和植物卫生措施协定第六条的指南》(G/SPS/48),以及OIE和IPPC制定的相关标准。"

(19)《中国—瑞士自由贸易协定》文本"第7.5条适应地区条件"提到:"出现影响病虫害非疫区或低度流行区的卫生或植物卫生情况的事件时,缔约双方应考虑相关国际标准、指南和建议,在风险评估的基础上尽最大努力恢复原有状态。"

(20)《中国—瑞士自由贸易协定》文本"第7.6条检查和认证体系"提到:"缔约双方同意增强在检查和认证体系评估领域的合作。进口方应考虑国际食品法典委员会的'食品进口和出口检查及认证体系'标准和原则。"

（21）《中国—瑞士自由贸易协定》文本"第 8.6 条附加承诺"提到："缔约双方可就影响服务贸易，但根据本协定第 8.4 条或第 8.5 条不需列入减让表的措施，包括有关资格、标准或许可事项的措施，谈判承诺。此类承诺应作为附加承诺列入缔约一方减让表。"

（22）《中国—瑞士自由贸易协定》文本"第 8.7 条国内法规"提到："每一缔约方应保证有关资格要求和程序、技术标准，许可要求和程序的各项措施依据客观的和透明的标准，例如提供服务的能力和资格，不得比为保证服务质量所必需的限度更难以负担。每一缔约方应保证许可程序本身不成为对服务提供的限制。"

（23）《中国—瑞士自由贸易协定》文本"第 8.7 条国内法规"提到："在确定缔约一方是否符合第三款的义务时，应考虑该缔约方所实施的有关国际组的国际标准。"

（24）《中国—瑞士自由贸易协定》文本"第 8.8 条承认"提到："为使服务提供者获得授权、许可或证明的标准或准则得以实施，每一缔约方对另一缔约方关于承认在其境内获得的教育或经历、满足的要求，或被授予的许可或证明的要求，应给予适当考虑。此类承认可依据与另一缔约方之间的协议或安排，或可自动给予。"

（25）《中国—瑞士自由贸易协定》文本"第二节关于知识产权的效力、范围和使用标准"。

（26）《中国—瑞士自由贸易协定》文本"第 12.2 条多边环境协定和环境原则"提到："缔约双方认识到，通过降低或减少国内环境法律、法规、政策和实践中的保护水平来鼓励贸易和投资是不恰当的。缔约双方同意环保标准不得用于贸易保护主义之目的。"

3. 贸易协定文本中含有"认证"关键词的条款

（1）《中国—瑞士自由贸易协定》文本"第 4.12 条海关稽查"提到："缔约双方应在可能的情况下，将海关稽查的结果运用到风险管理的应用以及经认证贸易商的确定等方面。"

（2）《中国—瑞士自由贸易协定》文本"第 4.13 条经认证经营者制度"提到："缔约一方在实施对国际贸易流动产生影响的经认证经营者制度或安全措

施时,应当:(一)向另一缔约方提供就认证和安全措施互认进行谈判的可能性,以保证在有效进行海关监管的同时促进国际贸易的便利化。"

(3)《中国—瑞士自由贸易协定》文本"第 7.6 条检查和认证体系"提到:"缔约双方同意增强在检查和认证体系评估领域的合作。进口方应考虑国际食品法典委员会的'食品进口和出口检查及认证体系'标准和原则。"

(4)《中国—瑞士自由贸易协定》文本"第 7.6 条检查和认证体系"提到:"评估工具一般为对出口方的官方检查和认证体系的整体或部分审核,包括对主管机构基于适当法律实施和采取行动能力的审核。这些审核可包括按照具有代表性的比例对部分寻求出口市场准入的企业进行检查。"

4. 贸易协定文本中含有"认可"关键词的条款

(1)《中国—瑞士自由贸易协定》文本"第 3.16 条经核准出口商出具的原产地声明"提到:"经核准出口商应按照附件四所示的文字出具原产地声明。原产地声明应当包含经核准出口商的注册号码和原产地声明序列号。原产地声明应当按照出口方的法律规定,由经核准出口商打印、加盖或印刷在发票或进口方海关认可的其他商业单证上,确保其包含足够详尽的信息以便于辨认相关产品。"

(2)《中国—瑞士自由贸易协定》文本"第 6.5 条技术合作"提到:"缔约双方应加强以下领域的技术合作,以增加对各自体系的相互了解,加强能力建设,便利双边贸易……(四)促进以国际标准化组织(ISO)和国际电工委员会(IEC)相关标准和指南为基础对合格评定机构的认可;(五)鼓励对多边协定或多边安排承认并根据第(四)项认可的机构所做的合格评定结果进行互认。"

(3)《中国—瑞士自由贸易协定》文本"第 13.4 条政府采购"提到:"缔约双方认可相互增进对各自的政府采购法律、法规和协定理解的重要性。缔约双方将就此进行相应的合作、协商和信息交流。"

5. 贸易协定文本中含有"合格评定"关键词的条款

(1)《中国—瑞士自由贸易协定》文本"第 6.1 条目标"提到:"本章旨在……(四)加强缔约双方在技术法规、标准与合格评定程序领域的合作。"

(2)《中国—瑞士自由贸易协定》文本"第 6.2 条申明"提到:"除本章另

有规定外，就技术法规、标准与合格评定程序而言，《TBT协定》应在缔约双方之间适用，并经必要修订后纳入本协定，构成本协定的一部分。"

（3）《中国—瑞士自由贸易协定》文本"第6.3条范围和定义"提到："本章适用于缔约双方所有的标准、技术法规和合格评定程序，但不适用本协定第七章所定义的卫生与植物卫生措施以及政府机构为其生产或消费要求所制定的采购要求。"

（4）《中国—瑞士自由贸易协定》文本"第6.5条技术合作"提到："缔约双方应加强以下领域的技术合作，以增加对各自体系的相互了解，加强能力建设，便利双边贸易……（三）增强国际标准作为技术法规和合格评定程序基础的作用；（四）促进以国际标准化组织（ISO）和国际电工委员会（IEC）相关标准和指南为基础对合格评定机构的认可；（五）鼓励对多边协定或多边安排承认并根据第（四）项认可的机构所做的合格评定结果进行互认。"

（5）《中国—瑞士自由贸易协定》文本"第6.6条边境措施"提到："如果缔约一方因发现未满足技术法规或合格评定程序而在入境口岸扣留来自另一缔约方的货物，则主管机构应向进口商或其代表迅速通报扣留原因。"

（6）《中国—瑞士自由贸易协定》文本"第6.10条审议条款"提到："在审议中，如缔约双方与某个第三方都就标准、技术法规和合格评定程序缔结了合作安排，缔约双方应考虑就给予第三方的优惠待遇进入谈判程序。"

十一、《中国—韩国自由贸易协定》

2012年5月2日，中国与韩国宣布正式启动中韩自由贸易协定谈判。2014年11月，中韩两国元首在北京共同宣布结束实质性谈判。2015年2月25日，中韩双方自贸区谈判全部完成。2015年6月1日，中国与韩国正式签署《中国—韩国自由贸易协定》，并于2015年12月20日正式生效并第一次降税，2016年1月1日第二次降税。2017年12月14日，中韩两国签署了《关于启动中韩自贸协定第二阶段谈判的谅解备忘录》，开始启动中韩自贸协定第二阶段谈判。2019年3月29日，中韩两国开始进行中国—韩国自由贸易协定第二阶段第四轮谈判。

在《中国—韩国自由贸易协定》文本中"质量"一词5次出现了，"标准"

一词出现了43次,"认证"一词出现了7次,"认可"一词出现了11次,"合格评定"一词出现了21次。相关条款涉及原产地规则和原产地实施程序、海关程序与贸易便利化、卫生与植物卫生措施、技术性贸易壁垒、贸易救济、服务贸易、电信、自然人移动、投资、电子商务环境与贸易、经济合作、争端解决、最终条款等内容。涉及的具体条款如下。

1. 贸易协定文本中含有"质量"关键词的条款

(1)《中国—韩国自由贸易协定》文本"第8.7条国内规制"提到:"为保证有关资格要求和程序、技术标准和许可要求的各项措施不致构成不必要的服务贸易壁垒,缔约双方应当按照《服务贸易总协定》第六章第四条,共同审议有关此类措施纪律的谈判结果,以将这些措施纳入本章。缔约双方注意到此类纪律旨在特别保证上述要求……(二)不得比为保证服务质量所必需的限度更难以负担。"

(2)《中国—韩国自由贸易协定》文本"第10.2条与其他章节的关系"提到:"质量应不低于提供给自己的同类服务、提供给非附属关系的服务提供商的同类服务或提供给其分支机构或其他附属机构的同类服务的质量。"

(3)《中国—韩国自由贸易协定》文本"第17.11条纺织合作"提到:"纺织合作领域可包括,但不限于以下……(三)标准质量体系认证和先进管理经验等领域的合作和交流。"

(4)《中国—韩国自由贸易协定》文本"第17.21条旅游合作"提到:"认识到旅游业有助于增进相互了解,且是其经济中的重要产业,缔约双方应致力于……(二)鼓励缔约双方的相关部门和机构在旅游培训和教育方面加强合作,以确保为缔约双方的旅游者提供高质量服务。"

(5)《中国—韩国自由贸易协定》文本"第17.24条药品、医疗器械和化妆品合作"提到:"在相关私营部门的合作……3.产品质量升级、供应链联网、技术贸易等。"

2. 贸易协定文本中含有"标准"关键词的条款

(1)《中国—韩国自由贸易协定》文本"第3.1条定义"提到:"公认的会计原则是指一缔约方有关记录收入、支出、成本、资产及负债、信息披露以及编制财务报表方面所认可的会计准则、共识,或者权威标准。上述准则既包括普遍适用的概括性指导原则，也包括详细的标准、惯例及程序。"

（2）《中国—韩国自由贸易协定》文本"第3.5条区域价值成分"提到："在适用附件3-A所规定的区域价值成分（以下简称RVC）标准时，其RVC应当根据下列公式计算。"

（3）《中国—韩国自由贸易协定》文本"第4.10条预裁定"提到："由于海关当局存在明显错误，海关当局认为对原裁定的相同事实和情形采取不同标准是适当的。在此情形下，修改或撤销应当自变更之日起适用。"

（4）《中国—韩国自由贸易协定》文本"第5.4条技术合作"提到："双方应适当考虑与卫生与植物卫生议题相关的合作事宜。此类合作应以双方同意的条款和条件为基础，可以包括但不限于：（一）增进在制定和实施国内卫生与植物卫生措施及国际标准方面的经验交流与合作。"

（5）《中国—韩国自由贸易协定》文本"第6.1条目标"提到："增进对彼此标准、技术法规与合格评定程序的了解。"

（6）《中国—韩国自由贸易协定》文本"第6.1条目标"提到："加强合作，包括在标准、技术法规与合格评定程序领域的信息交流，降低贸易成本，推动和促进双边贸易发展。"

（7）《中国—韩国自由贸易协定》文本"第6.1条目标"提到："确保标准、技术法规与合格评定程序不会对贸易构成不必要的障碍。"

（8）《中国—韩国自由贸易协定》文本"第6.2条范围和定义"提到："本章适用于中央政府机构制定、采用和实施的可能影响双边货物贸易的所有标准、技术法规与合格评定程序。"

（9）《中国—韩国自由贸易协定》文本"第6.2条范围和定义"提到："一方应采取可行的合理措施，确保其境内负责制定、采用和实施技术法规、标准与合格评定程序的地方政府机构遵守本章的规定。"

（10）《中国—韩国自由贸易协定》文本"第6.4条标准"提到："在制定、采用和实施标准时，双方应确保其标准化机构接受和遵守《技术性贸易壁垒协定》附件3的规定。"

（11）《中国—韩国自由贸易协定》文本"第6.4条标准"提到："双方应鼓励各自领土内的标准化机构与对方标准化机构合作。这些合作应包括但不限于标准方面的信息和经验。"

（12）《中国—韩国自由贸易协定》文本"第6.4条标准"提到："如需要制定技术法规或合格评定程序，而相关国际标准已经存在或即将拟就，各方应使用这些国际标准或其中的相关部分作为其技术法规或合格评定程序的基础，除非这些国际标准或其中的相关部分对达到其追求的合法目标无效或不适当。"

（13）《中国—韩国自由贸易协定》文本"第6.4条标准"提到："在确认《技术性贸易壁垒协定》第2.4条所述的国际标准是否存在时，双方应考虑世界贸易组织下设的技术性贸易壁垒（WTO/TBT）委员会的决议。此类国际标准应包括但不限于国际标准化组织（ISO）、国际电工委员会（IEC）、国际电信联盟（ITU）、国际食品法典委员会（CAC）颁布的国际标准。"

（14）《中国—韩国自由贸易协定》文本"第6.8条合作"提到："双方应共同努力加强在技术法规、标准和合格评定程序领域的合作，以增进对各自管理体系的相互理解、提高技术能力并促进能力建设活动的开展。"

（15）《中国—韩国自由贸易协定》文本"第6.8条合作"提到："应对方要求，一方应积极考虑有关技术法规、标准与合格评定程序的合作建议。有关合作应当建立在双方共同决定的条款和条件之上，可以包括但不仅限于：（一）提供与制定、实施技术法规、标准与合格评定程序有关的建议或技术援助；（二）鼓励双方负责计量、标准化、检测、认证、认可的公共或私营组织之间的合作；（三）使用认可的方式给予合格评定机构资格；（四）增强在校准、检测、检验、认证和认可方面的技术能力，以达到相关国际标准、建议和指南的要求；（五）在区域和国际组织中，就共同感兴趣的涉及标准、合格评定程序制定和实施的领域进行合作。"

（16）《中国—韩国自由贸易协定》文本"第6.8条合作"提到："双方同意在制定新技术和新功能产品的标准、技术法规、合格评定程序方面分享信息和经验。"

（17）《中国—韩国自由贸易协定》文本"第6.13条技术性贸易壁垒委员会"提到："委员会职责包括：（一）促进本章的实施以及双方在与本章有关的事项中的合作；（二）监督和鼓励本章的实施、执行和管理；（三）迅速处理一方提出的有关标准、技术法规和合格评定程序的制定、采用、应用或实施的问题;(四)加强双方在第6.8条所述领域的合作;(五)应一方要求,就标准、技术法规和合格评定程序进行信息交流;(六)交流涉及标准、技术法规和合格评定程序活动的非政府、区域和多边论坛的进展情况。"

(18)《中国—韩国自由贸易协定》文本"第7.14条适用于新出口商复审的微量标准"提到:"当根据《反倾销协定》第9.5条确定单独的倾销幅度时,如确定的倾销幅度低于《反倾销协定》第5.8条规定的微量标准,则不应对出口缔约方的出口商或生产商征收反倾销税。"

(19)《中国—韩国自由贸易协定》文本"第8.1条定义"提到:"业务权是指以有偿或租用方式,往返于一缔约方领土或在该领土之内或之上经营和/或运载乘客、货物和邮件的定期或不定期服务的权利,包括服务的地点、经营的航线、运载的运输类型、提供的能力、收取的运费及其条件以及指定航空公司的标准,如数量、所有权和控制权等标准。"

(20)《中国—韩国自由贸易协定》文本"第8.5条附加承诺"提到:"缔约双方可就影响服务贸易但根据第三条或第四条不需列入减让表的措施,包括有关资格、标准或许可事项的措施,谈判承诺。此类承诺应列入一缔约方的具体承诺减让表中。"

(21)《中国—韩国自由贸易协定》文本"第8.7条国内规制"提到:"为保证有关资格要求和程序、技术标准和许可要求的各项措施不致构成不必要的服务贸易壁垒,缔约双方应当按照《服务贸易总协定》第六章第四条,共同审议有关此类措施纪律的谈判结果,以将这些措施纳入本章。缔约双方注意到此类纪律旨在特别保证上述要求:(一)依据客观和透明的标准,例如提供服务的能力和资格。"

(22)《中国—韩国自由贸易协定》文本"第8.7条国内规制"提到:"(一)在一缔约方已做出具体承诺的部门中,在按照第四款为这些部门制定的纪律生效之前,该缔约方不得以下列方式实施使本协定项下此类具体承诺失效或减损的许可要求、资格要求或技术标准:不符合第四款第(一)项、第(二)项或第(三)项中所概述的标准的;且该缔约方就这些部门做出具体承诺时,不可能合理预期的。(二)在确定一缔约方是否符合第五款第(一)项下的义务时，应考虑该缔约方所实施的有关国际标准。"

（23）《中国—韩国自由贸易协定》文本"第8.9条承认"提到："为使服务提供者获得授权、许可或证书的标准或准则得以全部或部分实施，在遵守第四款要求的前提下，一缔约方可承认在另一缔约方已获得的教育或经历、已满足的要求或已给予的许可或证明。此类可通过协调或其他方式实现的承认，可依据缔约双方或相关主管部门之间达成的协定或安排，也可自动给予。"

（24）《中国—韩国自由贸易协定》文本"第8.9条承认"提到："一缔约方给予承认的方式不得构成在适用服务提供者获得授权、许可或证明的标准或准则时在各国之间进行歧视的手段，或构成对服务贸易的变相限制。"

（25）《中国—韩国自由贸易协定》文本"第8.9条承认"提到："只要适当，承认应以多边议定的准则为依据。在适当的情况下，缔约方应与有关政府间组织和非政府组织合作，以制定和采用关于承认的共同国际标准和准则，以及有关服务行业和职业实务的共同国际标准。"

（26）《中国—韩国自由贸易协定》文本"第10.4条互联互通"提到："各缔约方应确保本方境内的主导提供商为另一缔约方已在其境内按照相关法律法规取得相应电信业务经营许可的公共电信网络或服务运营商的设施和设备提供互联互通时，做到……（二）以非歧视的条款、条件（包括技术标准和规格）、费率提供……（四）及时提供，以相关条款和条件（包括技术标准和规格）为基础，费率以成本为导向，且设定费率应遵循透明、合理、考虑到经济可行性以及充分做到非捆绑定价，从而避免寻求互联互通的提供商为其不需要的网络要素或设施付费。"

（27）《中国—韩国自由贸易协定》文本"第10.4条互联互通"提到："各缔约方应确保另一缔约方的公共电信网络或服务提供商与本方境内的主导运营商在设施和设备上实现互联互通时，基于至少下列中的一项：（一）一个参考性的互联互通出价，或者其他标准的互联互通出价，出价包括主导提供商在通常情况下向其他公共电信服务提供商提出的费率、条款和条件。"

（28）《中国—韩国自由贸易协定》文本"第10.9条申请许可证的程序"提到："当一缔约方要求公共电信网络或服务提供者申请许可证，该缔约方应公开如下事项：（一）许可证申请的所有标准和程序。"

（29）《中国—韩国自由贸易协定》文本"第10.13条透明度"提到："与公共电信网络或服务相关的措施向公众公开，包括……（五）影响接入和使用的相关技术或标准的措施修改和实施。"

（30）《中国—韩国自由贸易协定》文本"第10.14条关于技术与标准的措施"提到："虽然有第一款规定，一缔约方可采取措施限制公共电信网络或服务提供商和增值服务提供商使用的技术和标准，但该措施应为实现合法公共政策之目的，且不为准备、采纳或实施设置贸易障碍的方式。"

（31）《中国—韩国自由贸易协定》文本"第10.15条行业咨询"提到："各缔约方在制定本方电信产业政策、监管制度和标准方面，应征询对方在其境内经营公共电信网络或服务的提供商的意见。"

（32）《中国—韩国自由贸易协定》文本"第10.17条与国际组织的关系"提到："缔约双方认识到为实现电信网络及服务的全球兼容和互操作性所设立的国际标准的重要性，并通过相关国际组织的工作促进这些标准的实施，这里的国际组织包括国际电信联盟和国际标准化组织。"

（33）《中国—韩国自由贸易协定》文本"第11.2条一般原则"提到："本章反映了缔约双方之间的优惠贸易关系，他们共同的愿望是在互惠的基础上促进自然人的临时入境，并根据附件11-A为临时入境建立透明的标准和程序，同时需要确保跨境安全并保护国内劳动力在他们各自领土内的永久雇用。"

（34）《中国—韩国自由贸易协定》文本"第12.5条最低标准待遇"提到："为进一步明确，第一款将习惯国际法中给予外国人的最低标准待遇作为给予涵盖投资的最低标准待遇。'公平公正待遇'和'充分保护和安全'的概念并不要求缔约方给予额外的或者超出上述标准的待遇，且并不创造额外的实体权利。"

（35）《中国—韩国自由贸易协定》文本"第12.9条征收和补偿"提到："任何缔约方均不得对涵盖投资实施征收或国有化，或采取与征收或国有化等同的任何措施（本章下称'征收'），除非……（三）依照该缔约方的法律和正当法律程序的国际标准。"

（36）《中国—韩国自由贸易协定》文本"第12.18条服务贸易和投资"提到："本协定第12.5条（最低标准待遇）、第12.9条（征收和补偿）、第12.10条

（转移）、第12.11条（代位）、第12.12条（投资者与一缔约方之间的投资争端解决），和附件12-A（习惯国际法）、12-B（征收）和12-C（转移），经必要调整后，适用于影响一缔约方的服务提供者依据第八章（服务贸易）通过在另一缔约方领土内设立商业存在提供服务的任何措施，但仅限于与涵盖投资有关的情形下。"

（37）《中国—韩国自由贸易协定》文本"附件12-A 习惯国际法"提到："缔约双方确认以下共同理解，即一般意义上的习惯国际法以及在第12.5条中明确提及的习惯国际法，源自各国出于对法律义务的遵循而进行的普遍和一致的实践。关于第12条，给予外国人的习惯国际法最低待遇标准指保护外国人经济权益的所有习惯国际法原则。"

（38）《中国—韩国自由贸易协定》文本"第13.7条电子商务合作"提到："缔约双方同意就电子商务相关问题交流信息和经验，包括法律与法规、规则与标准，及最佳实践等。"

（39）《中国—韩国自由贸易协定》文本"第16.1条背景与目标"提到："缔约双方同意环境标准不得用于贸易保护主义之目的。"

（40）《中国—韩国自由贸易协定》文本"第17.10条信息和通信技术合作"提到："信息和通信技术的合作领域可包括，但不限于以下……（四）在与国际标准相关的国际组织中相互合作和支持。"

（41）《中国—韩国自由贸易协定》文本"第17.11条纺织合作"提到："纺织合作领域可包括，但不限于以下……（三）标准质量体系认证和先进管理经验等领域的合作和交流。"

（42）《中国—韩国自由贸易协定》文本"程序责任"提到："每名专家组成员应当避免不应当和不适当的出现，应当独立、公正，应当避免直接或间接的利益冲突，并应当为维护争端解决机制的完整和公正而遵守高行为标准。"

（43）《中国—韩国自由贸易协定》文本"投资谈判方针"提到："15. 第二阶段谈判将包括定义、领域范围、国民待遇、最惠国待遇、最低待遇标准、征收、转移、业绩要求、高管和董事会、不符措施、投资者—东道国争端解决条款及其他条款。"

3. 贸易协定文本中含有"认证"关键词的条款

（1）《中国—韩国自由贸易协定》文本"第6.8条合作"提到："应对方要求，一方应积极考虑有关技术法规、标准与合格评定程序的合作建议。有关合作应当建立在双方共同决定的条款和条件之上，可以包括但不仅限于……（二）鼓励双方负责计量、标准化、检测、认证、认可的公共或私营组织之间的合作……（四）增强在校准、检测、检验、认证和认可方面的技术能力，以达到相关国际标准、建议和指南的要求。"

（2）《中国—韩国自由贸易协定》文本"第6.8条合作"提到："双方应鼓励其国家认证机构成为国际电工委员会电工产品合格测试与认证组织关于电工产品测试证书的相互认可体系（IECEE-CB）的成员，并接受彼此由该体系颁发的测试证书作为电气安全认证的基础，以减少重复检测和认证要求。"

（3）《中国—韩国自由贸易协定》文本"第6.11条标识和标签"提到："当一方提出强制性产品标识或标签要求时……（二）各方可以通过合理的方式指定标签或标识的样式，但不应就此要求事先批准、注册或认证。本条不影响各方根据国内法规，对需要在标签或标识中提供的特殊信息要求事先审批。"

（4）《中国—韩国自由贸易协定》文本"第10.3条接入和使用"提到："在满足第五款规定的前提下，接入和使用公共电信网络或服务的条件可包括……（三）接入网络的终端或其他设备的型号认证要求，以及将此类设备接入网络的技术要求。"

（5）《中国—韩国自由贸易协定》文本"第13.4条电子认证和电子签名"提到："任何一方采纳或实施的电子签名法律，不得仅基于签名是电子形式而否认其法律效力。各缔约方实施的国内电子签名法律应允许：（一）电子交易双方共同确定合适的电子签名和电子认证方法；（二）电子交易中的电子认证机构有机会向司法或行政主管部门证明其对电子交易的电子认证符合法律对电子认证的要求。"

（6）《中国—韩国自由贸易协定》文本"第13.8条定义"提到："电子认证指在电子通信或交易中，为保障电子通信或交易的完整性和安全性，为电子签名相关各方提供真实性、可靠性验证的过程或行为。"

(7)《中国—韩国自由贸易协定》文本"第17.11条纺织合作"提到:"纺织合作领域可包括,但不限于以下……(三)标准质量体系认证和先进管理经验等领域的合作和交流。"

4. 贸易协定文本中含有"认可"关键词的条款

(1)《中国—韩国自由贸易协定》文本"第2.6条货物的暂准进口"提到:"任一缔约方应给予下述货物以临时免税入境,无论其原产地来源……(四)被认可用于体育活动的货物。"

(2)《中国—韩国自由贸易协定》文本"第2.6条货物的暂准进口"提到:"各缔约方应规定其海关或其他主管部门应免除进口者或某一货物在本条款项下许可进口的其他责任人由于货物无法复出口所产生的任何责任,若提交的关于该货物由于不可抗力原因已经损毁的证明得到进口方海关认可。"

(3)《中国—韩国自由贸易协定》文本"第3.1条定义"提到:"公认的会计原则是指一缔约方有关记录收入、支出、成本、资产及负债、信息披露以及编制财务报表方面所认可的会计准则、共识,或者权威标准。上述准则既包括普遍适用的概括性指导原则,也包括详细的标准、惯例及程序。"

(4)《中国—韩国自由贸易协定》文本"第6.6条合格评定程序"提到:"双方认识到,存在诸多机制可以便利承认对方领土内做出的合格评定结果。例如……(二)一方可采用认可程序授予另一方境内合格评定机构资格。"

(5)《中国—韩国自由贸易协定》文本"第6.6条合格评定程序"提到:"双方应就制定和实践上述第一款提及的方法及其他适当方法交流经验,鼓励合格评定机构之间开展合作以便利合格评定结果的相互认可。"

(6)《中国—韩国自由贸易协定》文本"第6.8条合作"提到:"应对方要求,一方应积极考虑有关技术法规、标准与合格评定程序的合作建议。有关合作应当建立在双方共同决定的条款和条件之上,可以包括但不仅限于……(二)鼓励双方负责计量、标准化、检测、认证、认可的公共或私营组织之间的合作;(三)使用认可的方式给予合格评定机构资格;(四)增强在校准、检测、检验、认证和认可方面的技术能力,以达到相关国际标准、建议和指南的要求。"

(7)《中国—韩国自由贸易协定》文本"第6.8条合作"提到:"双方应鼓

励其国家认证机构成为国际电工委员会电工产品合格测试与认证组织关于电工产品测试证书的相互认可体系（IECEE-CB）的成员，并接受彼此由该体系颁发的测试证书作为电气安全认证的基础，以减少重复检测和认证要求。"

（8）《中国—韩国自由贸易协定》文本"第6.13条技术性贸易壁垒委员会"提到："委员会职责包括……（七）鼓励就相互认可在对方领土内做出的合格评定结果进行讨论。"

（9）《中国—韩国自由贸易协定》文本"第13.8条定义"提到："电子签名指数据电文中以电子形式所含，所附于或与数据电文逻辑相关，可用于识别签名人与数据电文的关系并表示签名人认可其信息的数据。其中，数据电文指以电子、光学或者类似手段生成、发送、接受或者储存的信息。"

（10）《中国—韩国自由贸易协定》文本"第14.9条信息交换"提到："一缔约方对另一缔约方提供的秘密信息应当予以保密，不得将相关信息泄露给任何未经提供信息的缔约方认可的机构。"

（11）《中国—韩国自由贸易协定》文本"第19.4条委员会和其他机构"提到："委员会或其他机构做出的所有决定均需获得联委会认可。"

5.贸易协定文本中含有"合格评定"关键词的条款

（1）《中国—韩国自由贸易协定》文本"第6.1条目标"提到："促进对彼此标准、技术法规与合格评定程序的相互了解。"

（2）《中国—韩国自由贸易协定》文本"第6.1条目标"提到："加强合作，包括在标准、技术法规与合格评定程序领域的信息交流，降低贸易成本，推动和促进双边贸易发展。"

（3）《中国—韩国自由贸易协定》文本"第6.1条目标"提到："确保标准、技术法规与合格评定程序不会对贸易构成不必要的障碍。"

（4）《中国—韩国自由贸易协定》文本"第6.2条范围和定义"提到："本章适用于中央政府机构制定、采用和实施的可能影响双边货物贸易的所有标准、技术法规与合格评定程序。"

（5）《中国—韩国自由贸易协定》文本"第6.2条范围和定义"提到："一方应采取可行的合理措施，确保其境内负责制定、采用和实施技术法规、标准与合格评定程序的地方政府机构遵守本章的规定。"

(6)《中国—韩国自由贸易协定》文本"第6.4条标准"提到:"如需要制定技术法规或合格评定程序,而相关国际标准已经存在或即将拟就,各方应使用这些国际标准或其中的相关部分作为其技术法规或合格评定程序的基础,除非这些国际标准或其中的相关部分对达到其追求的合法目标无效或不适当。"

(7)《中国—韩国自由贸易协定》文本"第6.6条合格评定程序"提到:"双方认识到,存在诸多机制可以便利承认对方领土内做出的合格评定结果。例如:(一)一方可与另一方达成一致,接受对方境内机构根据特定技术法规做出的合格评定结果;(二)一方可采用认可程序授予另一方境内合格评定机构资格;(三)一方可指定另一方境内的合格评定机构;(四)一方可承认另一方境内做出的合格评定结果;(五)双方境内的合格评定机构可以自行安排,接受彼此评定结果。"

(8)《中国—韩国自由贸易协定》文本"第6.6条合格评定程序"提到:"双方应就制定和实践上述第一款提及的方法及其他适当方法交流经验,鼓励合格评定机构之间开展合作以便利合格评定结果的相互认可。"

(9)《中国—韩国自由贸易协定》文本"第6.6条合格评定程序"提到:"各方应确保其合格评定程序的制定、采用和实施,以不低于给予本国同类产品供应商的条件使源自对方领土内产品获得准入。"

(10)《中国—韩国自由贸易协定》文本"第6.6条合格评定程序"提到:"一方应积极考虑另一方关于就合格评定结果互认安排进行谈判的请求。"

(11)《中国—韩国自由贸易协定》文本"第6.6条合格评定程序"提到:"双方应为限定合格评定程序的时限和费用在必要程度内开展合作。"

(12)《中国—韩国自由贸易协定》文本"第6.7条透明度"提到:"除出现有关安全、健康、环境保护或国家安全的紧急问题或出现此种威胁的情况外,一方在向世界贸易组织通知登记中心通报其技术法规和合格评定程序时,应给予不少于60天的评议期,以便征求另一方评议意见。"

(13)《中国—韩国自由贸易协定》文本"第6.7条透明度"提到:"应另一方要求,一方应提供其已采用或拟采用的技术法规或合格评定程序的目的和依据。"

（14）《中国—韩国自由贸易协定》文本"第6.7条透明度"提到："双方应确保及时公布其采用的技术法规和合格评定程序，或通过其他有效方式使另一方及另一方的利益相关人知晓。"

（15）《中国—韩国自由贸易协定》文本"第6.8条合作"提到："双方应共同努力加强在技术法规、标准和合格评定程序领域的合作，以增进对各自管理体系的相互理解、提高技术能力并促进能力建设活动的开展。"

（16）《中国—韩国自由贸易协定》文本"第6.8条合作"提到："应对方要求，一方应积极考虑有关技术法规、标准与合格评定程序的合作建议。有关合作应当建立在双方共同决定的条款和条件之上，可以包括但不仅限于：（一）提供与制定、实施技术法规、标准与合格评定程序有关的建议或技术援助……（三）使用认可的方式给予合格评定机构资格……（五）在区域和国际组织中，就共同感兴趣的涉及标准、合格评定程序制定和实施的领域进行合作。"

（17）《中国—韩国自由贸易协定》文本"第6.8条合作"提到："双方同意就对方在本国境内设立和经营合格评定机构展开合作。"

（18）《中国—韩国自由贸易协定》文本"第6.8条合作"提到："双方同意在制定新技术和新功能产品的标准、技术法规、合格评定程序方面分享信息和经验。"

（19）《中国—韩国自由贸易协定》文本"第6.10条实施安排"提到："双方同意在合格评定合作领域，尽最大努力尽早就可能的实施安排进行谈判。双方还可就共同感兴趣的领域进一步达成实施安排。"

（20）《中国—韩国自由贸易协定》文本"第6.12条边境措施"提到："如果一方因发现未满足技术法规或合格评定程序而在入境口岸扣留来自另一方的货物，包括用于合格评定检测的样品，应向进口商或其代表迅速通报扣留原因。"

（21）《中国—韩国自由贸易协定》文本"第6.13条技术性贸易壁垒委员会"提到："委员会职责包括……（三）迅速处理一方提出的有关标准、技术法规和合格评定程序的制定、采用、应用或实施的问题……（五）应一方要求，就标准、技术法规和合格评定程序进行信息交流；（六）交流涉及标准、技术法规和合格评定程序活动的非政府、区域和多边论坛的进展情况；（七）鼓励就相互认可在对方领土内做出的合格评定结果进行讨论。"

十二、《中国—澳大利亚自由贸易协定》

中澳自由贸易协定谈判于2005年4月启动，是继《中国—韩国自由贸易协定》后，我国与亚太地区重要经济体的另一个全面、高水平的自由贸易协定谈判。2015年6月17日，中国与澳大利亚正式签署《中华人民共和国政府和澳大利亚政府自由贸易协定》（以下简称《中国—澳大利亚自由贸易协定》），该协定于2015年12月20日正式生效并第一次降税，2016年1月1日第二次降税。

在《中国—澳大利亚自由贸易协定》文本中"质量"一词3出现了次，"标准"一词出现了45次，"认证"一词出现了3次，"认可"一词出现了11次，"合格评定"一词出现了20次。相关条款涉及原产地规则和原产地实施程序、海关程序与贸易便利化、卫生与植物卫生措施、技术性贸易壁垒、服务贸易、投资、自然人移动、知识产权、电子商务、争端解决等内容。涉及的具体条款如下。

1. 贸易协定文本中含有"质量"关键词的条款

（1）《中国—澳大利亚自由贸易协定》文本"第八章第十三条国内规制"提到："为保证有关资格要求和程序、技术标准和许可要求的各项措施不致构成不必要的服务贸易壁垒，双方应共同审议按照《服务贸易总协定》第六条四款所开展的有关此类措施纪律的谈判结果，并将该谈判结果纳入本协定。双方注意到此类纪律旨在特别保证上述要求……（二）不得比为保证服务质量所必需的限度更难以负担。"

（2）《中国—澳大利亚自由贸易协定》文本"第十一章第九条获得和维持程序"提到："各方应：（一）继续加强知识产权的审查和注册制度，包括完善审查程序和质量体系。"

（3）《中国—澳大利亚自由贸易协定》文本"第十一章第二十三条一般性合作"提到："双方将考虑，在已建立的合作框架下就共同感兴趣的领域继续合作，以在彼此管辖范围内改善知识产权制度的运作，包括行政程序。合作内容可以包括，但不一定限于……（四）提高专利审查质量和效率。"

2. 贸易协定文本中含有"标准"关键词的条款

（1）《中国—澳大利亚自由贸易协定》文本"第二章第一条定义"提到："公认会计原则是指一方认可的或有实质性官方支持的，有关记录收入、支出、成本、资产及负债、信息披露以及编制财务报表的会计原则。上述原则既包括普遍适用的广泛性指导原则，也可以包括详细的标准、惯例及程序。"

（2）《中国—澳大利亚自由贸易协定》文本"第二章第四条税则归类改变"提到："本协定附件二（产品特定原产地规则）所列的税则归类改变标准，要求货物生产中所使用的非原产材料在一方或双方领土内经过加工后发生税则归类改变。"

（3）《中国—澳大利亚自由贸易协定》文本"第二章第七条微小含量"提到："当申请适用区域价值成分标准的货物包含有非原产材料时，上述非原产材料的价格应予考虑并计算在货物的区域价值成分中。"

（4）《中国—澳大利亚自由贸易协定》文本"第二章第八条附件、备件及工具"提到："与原产货物一并报验和归类、构成该货物的标准附件、备件或工具的一部分附件、备件及工具，应视为原产货物，在确定该货物生产过程中所用的非原产材料是否发生适当的税则归类改变时，不予考虑。只要……（三）对于适用区域价值成分标准的货物，在计算该货物的区域价值成分时，附件、备件及工具的价值应视情作为原产材料或非原产材料予以考虑。"

（5）《中国—澳大利亚自由贸易协定》文本"第二章第十条包装及容器"提到："对于应当适用本协定附件二（产品特定原产地规则）所列税则归类改变标准的货物，如果零售用包装材料及容器与该货物一并归类，则在确定该货物的原产地时，零售用包装材料及容器不予考虑。"

（6）《中国—澳大利亚自由贸易协定》文本"第二章第十六条申请享受优惠关税待遇"提到："除本章第二十二条另行规定以外，一方应对出口方符合原产资格的货物给予优惠关税待遇，进口商应……（四）应进口方海关要求，提交证明货物符合本章第十三条规定的运输标准的证明文件。"

（7）《中国—澳大利亚自由贸易协定》文本"第四章第三条海关程序与便利化"提到："各方应确保其海关程序在该方法律、法规以及所适用的规章或程序允许范围内,尽可能地与世界海关组织确立的国际标准和推荐做法一致。"

(8)《中国—澳大利亚自由贸易协定》文本"第五章第五条透明度"提到:"如果相关的国际标准、指南或建议不存在,或拟议的卫生与植物卫生措施的内容与国际标准、指南或建议有实质的不同,并且该措施可能对另一方的贸易造成重大影响,通报的一方通常应给予另一方至少60日评议期供其提交书面评议,应另一方请求对评议进行讨论,并对这些评议和讨论结果予以考虑。"

(9)《中国—澳大利亚自由贸易协定》文本"第五章第七条区域化和等效性"提到:"各方应接受《实施卫生与植物卫生措施协定》的区域化和等效性规定,并考虑相关国际标准、指南和建议,以便利双方之间的贸易。"

(10)《中国—澳大利亚自由贸易协定》文本"第五章第九条技术援助和能力建设"提到:"就本章的实施而言,双方应根据本章的目标,共同考虑卫生和植物卫生措施领域的技术援助项目。此类技术援助项目可以包括,但不限于……(二)就区域和国际组织中的立场以及相关标准和项目进行磋商。"

(11)《中国—澳大利亚自由贸易协定》文本"第五章第十一条卫生与植物卫生措施委员会"提到:"各方应确保负责卫生与植物卫生措施和食品标准的适当代表参加委员会的会议。"

(12)《中国—澳大利亚自由贸易协定》文本"第六章第一条目标"提到:"本章旨在通过以下措施进一步推进《技术性贸易壁垒协定》的实施,便利双方间的贸易:(一)加强合作,以确保技术法规、标准和合格评定程序不对贸易构成不必要的壁垒;(二)更好获取双方有关技术法规、标准和合格评定程序的信息;(三)增强对双方技术法规、标准和合格评定程序的相互理解;(四)在双方机构之间建立交流联系,促进监管层面的合作;(五)扩大双方标准、认可和合格评定机构间的现有合作,以促进对合格评定结果的认可和接受。"

(13)《中国—澳大利亚自由贸易协定》文本"第六章第二条适用范围"提到:"除非本条第二和第三款另有规定,本章适用于可能直接或间接影响双方间货物贸易的中央政府的所有标准、技术法规和合格评定程序。"

(14)《中国—澳大利亚自由贸易协定》文本"第六章第二条适用范围"提到:"本章的任何规定不得妨碍一方根据其在《技术性贸易壁垒协定》下的权

利和义务采取或者维持技术法规、标准和合格评定程序。"

（15）《中国—澳大利亚自由贸易协定》文本"第六章第三条定义"提到："就本章而言……（二）技术法规、标准和合格评定程序应使用《技术性贸易壁垒协定》附件1中赋予的含义。"

（16）《中国—澳大利亚自由贸易协定》文本"第六章第五条国际标准"提到："如果有关国际标准已经存在或即将拟就，双方应使用国际标准、指南和建议或国际标准的相关部分作为其技术法规和相关合格评定程序的基础，除非此类国际标准或其相关部分对于实现合法目标而言无效或不适当。"

（17）《中国—澳大利亚自由贸易协定》文本"第六章第七条合格评定程序"提到："在认可、批准、许可或以其他方式承认澳大利亚领土内可以对特定技术法规或标准进行合格评定的机构之前，中国国内法律法规要求双方或其主管部门之间签署合作协议。"

（18）《中国—澳大利亚自由贸易协定》文本"第六章第八条透明度"提到："应另一方请求，一方应向另一方提供其已采用或拟采用的标准、技术法规或合格评定程序的目的、理由及其他可能的相关信息。"

（19）《中国—澳大利亚自由贸易协定》文本"第六章第九条贸易便利化"提到："双方应在标准、技术法规和合格评定程序领域进行合作，以促进双方之间的贸易。双方尤其应努力就有关特定事项或部门适用的标准、技术法规和合格评定程序提出倡议，以便利贸易。此类倡议可以包括：（一）就技术法规和标准的一致性或等效性等管理事务开展合作；（二）与国际标准的协调。"

（20）《中国—澳大利亚自由贸易协定》文本"第六章第九条贸易便利化"提到："双方应鼓励各自的标准化和合格评定机构在制定与本章有关的标准、指南、建议或政策时进行磋商和意见交流，就相关国际或区域组织讨论的重要问题进行磋商和意见交流。"

（21）《中国—澳大利亚自由贸易协定》文本"第六章第十一条合作和技术援助"提到："双方及其主管部门在技术性贸易壁垒领域已有相当程度的合作。为支持本章的实施，增进对各自管理体系的了解，双方应考虑通过根据本章第十三条设立的技术性贸易壁垒委员会在技术性贸易壁垒领域开展进一步合作及技术援助项目。此类合作和技术援助可以包括：（一）开展联合研究，举行座谈会和研讨会;(二)就技术法规、标准、合格评定程序和良好管理实践交换信息;(三)支持国际标准化机构和世贸组织技术性贸易壁垒委员会的活动;(四)增强国际标准作为技术法规和合格评定程序基础的作用;(五)促进以国际标准化组织(ISO)和国际电工委员会(IEC)相关标准和指南为基础认可合格评定机构。"

(22)《中国—澳大利亚自由贸易协定》文本"第六章第十三条技术性贸易壁垒委员会"提到:"委员会的职能应包括……(三)提供一方有关标准、技术法规和合格评定程序的信息,以回应另一方的合理信息要求。"

(23)《中国—澳大利亚自由贸易协定》文本"第八章第二条定义"提到:"业务权是指以有偿或租用方式,往返于一方领土或在该领土之内或之上经营和(或)运载乘客、货物和邮件的定期或不定期服务的权利,包括服务的地点、经营的航线、运载的运输类型、提供的能力、收取的运费及其条件以及指定航空公司的标准,如数量、所有权和控制权等标准。"

(24)《中国—澳大利亚自由贸易协定》文本"第八章第八条附加承诺"提到:"如一方根据本节做出承诺,可就影响服务贸易但根据本章第五和第六条不需列入减让表的措施,包括但不限于有关资格、标准或许可事项的措施,谈判承诺。此类承诺应列入一方在本协定附件三中其具体承诺减让表。"

(25)《中国—澳大利亚自由贸易协定》文本"第八章第十三条国内规制"提到:"为保证有关资格要求和程序、技术标准和许可要求的各项措施不致构成不必要的服务贸易壁垒,双方应共同审议按照《服务贸易总协定》第六条四款所开展的有关此类措施纪律的谈判结果,以将该谈判结果纳入本协定。双方注意到此类纪律旨在特别保证上述要求:(一)依据客观和透明的标准,例如提供服务的能力和资格。"

(26)《中国—澳大利亚自由贸易协定》文本"第八章第十三条国内规制"提到:"(一)在一方已做出具体承诺的部门中,在将本条第四款所述纪律纳入本协定之前,该方不得以下列方式实施使本协定项下义务失效或减损的许可要求、资格要求或技术标准:1. 不符合本条第四款(一)、(二)或(三)项中所概述的标准的。"

(27)《中国—澳大利亚自由贸易协定》文本"第八章第十三条国内规制"

提到:"在确定一方是否符合本条第五款(一)项下的义务时,应考虑该方所实施的有关国际组织的国际标准。"

(28)《中国—澳大利亚自由贸易协定》文本"第八章第十四条承认"提到:"为使服务提供者获得授权、许可或证明的标准或准则得以全部或部分实施,在遵守本条第四款要求前提下,一方可承认或鼓励其相关主管部门承认在另一方获得的教育或经历、满足的要求或授予的许可或证明。此类可通过协调或其他方式实现的承认,可依据双方或相关主管部门的协定或安排,也可自动给予。"

(29)《中国—澳大利亚自由贸易协定》文本"第八章第十四条承认"提到:"在适用服务提供者获得授权、许可或证明的标准或准则时,一方给予承认的方式不得构成在另一方和非缔约方之间进行歧视的手段,或构成对服务贸易的变相限制。"

(30)《中国—澳大利亚自由贸易协定》文本"第八章第十五条资格互认合作"提到:"在可能情况下,各方都将鼓励其领土内相关机构,制定双方均可能接受的许可和证明的标准及条件,并鼓励相关机构向服务贸易委员会推荐双方均同意、可开展互认工作的服务部门,包括工程服务和中医。"

(31)《中国—澳大利亚自由贸易协定》文本"第八章第十九条电信服务"提到:"各方应在制定电信产业政策、监管制度和标准方面,为与在其领土内运营的另一方公共电信网络或服务提供者展开磋商提供便利。"

(32)《中国—澳大利亚自由贸易协定》文本"第八章第二十五条合作"提到:"考虑到共同的经济目标和国际税务标准,双方应审议双边税务安排。"

(33)《中国—澳大利亚自由贸易协定》文本"第八章附件二第四条承认"提到:"一方在决定其有关金融服务的措施应如何实施时,可承认另一方或非缔约方的审慎措施。此类承认可以依据与某一国际标准制定机构、另一方或非缔约方的协定或安排,通过协调或其他方式实现,也可自动给予。"

(34)《中国—澳大利亚自由贸易协定》文本"第九章第九条未来工作计划"提到:"在本章中纳入补充条款,包括涉及以下方面的条款:1. 最低待遇标准。"

(35)《中国—澳大利亚自由贸易协定》文本"第九章第十一条磋商"提

到:"发生投资争端时,申诉方可在致使争端产生措施或事件发生起2个月后,向被诉方送达书面磋商请求。该请求应……(六)指明所寻求的救济、所主张的大致损害金额及其计算标准或依据。"

(36)《中国—澳大利亚自由贸易协定》文本"第九章第十二条提交仲裁请求"提到:"仲裁通知应……(六)明确所寻求的救济、所主张的大致损害金额及其计算标准或依据。"

(37)《中国—澳大利亚自由贸易协定》文本"第九章附件一行为守则"提到:"仲裁员应避免不当行为及不当行为的出现,应独立和公正,应避免直接和间接的利益冲突,应遵守高标准的行为准则,从而维护争端解决程序的诚信与公正。前任仲裁员应遵守本附件第十六、第十七、第十八和第十九款所规定的义务。"

(38)《中国—澳大利亚自由贸易协定》文本"第九章附件一中国公司内部调动人员"提到:"中国公司内部调动人员是指已在澳大利亚建立合法、有效运营的分公司、子公司或关联公司的中国企业的雇员,被调动至该澳大利亚分公司、子公司或关联公司,以填充相关职位,并且该雇员是……(二)专家,该自然人拥有高级手艺、技术或专业技能和经验,对其所从事的职业,须经评估具备必要的资质或符合澳大利亚标准的其他证书,在申请临时入境之日时,其受聘于该雇主时间不少于2年。"

(39)《中国—澳大利亚自由贸易协定》文本"第九章附件一中国合同服务提供者"提到:"中国合同服务提供者是指拥有手艺、技术或专业技能和经验的中国自然人,对其被提名的职业,经评估具备必要的资质,以及符合澳大利亚标准的技能和工作经验。"

(40)《中国—澳大利亚自由贸易协定》文本"第九章附件一中国安装和服务人员"提到:"该类中国自然人是机械和(或)设备安装或服务人员,购买上述机械或设备的条件之一是由此类供应公司提供安装和(或)服务。安装或服务人员必须遵守澳大利亚工作场所的标准和条件,应按合同标的从事安装或服务活动,不得从事与此无关的服务。"

(41)《中国—澳大利亚自由贸易协定》文本"第十一章第二条定义"提到:"一方国民,就相关权利而言,包括该方符合《与贸易有关的知识产权协定》第1.3条所列协定规定的保护标准的实体。"

（42）《中国—澳大利亚自由贸易协定》文本"第十一章第十六条植物育种者权利"提到："双方应通过其主管部门进行合作，鼓励和便利对植物育种者权利的保护和开发，以期……（三）推动改革和进一步完善国际间有关植物育种者权利的法律、标准和实践，包括在东南亚地区内。"

（43）《中国—澳大利亚自由贸易协定》文本"第十二章第五条国内监管框架"提到："各方应在1996年《联合国国际贸易法委员会电子商务示范法》基础上维持电子交易监管的国内法律框架，并适当考虑其他相关国际标准。"

（44）《中国—澳大利亚自由贸易协定》文本"第十二章第八条在线数据保护"提到："在制定数据保护标准方面，各方应在可能范围内考虑国际标准和相关国际组织的标准。"

（45）《中国—澳大利亚自由贸易协定》文本"第十五章附件一程序责任"提到："仲裁员应避免不当行为及不当行为的出现，应独立和公正，应避免直接和间接的利益冲突，应遵守高标准的行为准则，从而维护争端解决机制的诚信和公正。前任仲裁员应遵守本附件第十七至第二十款所规定的义务。"

3. 贸易协定文本中含有"认证"关键词的条款

（1）《中国—澳大利亚自由贸易协定》文本"第六章第七条合格评定程序"提到："双方同意就合格评定程序，包括检测、检验、认证、认可以及计量等交换信息，以便在符合《技术性贸易壁垒协定》及双方有关国内法律法规的情况下，在合格评定领域建立合作机制。"

（2）《中国—澳大利亚自由贸易协定》文本"第六章第八条透明度"提到："对于另一方提出的关于技术法规和合格评定程序、需要进行合格评定的产品、开展合格评定活动有关的费用和规费、经认可可以开展认证和实验室检测活动的机构及其业务范围等的合理信息要求，一方应在可行的情况下及时予以回应。"

（3）《中国—澳大利亚自由贸易协定》文本"第十二章第六条电子认证和数字证书"提到："各方的电子签名法律应允许:（一）电子交易相关方共同决定符合其约定的电子签名和认证方式;（二）电子认证服务提供者，包括机构，向司法部门或行政机构证明其电子认证服务遵守法律中关于电子认证的规定。"

4. 贸易协定文本中含有"认可"关键词的条款

（1）《中国—澳大利亚自由贸易协定》文本"第三章第一条定义"提到："授权机构是指一方法律法规授权或由一方认可有权签发原产地证书的任何政府机构或其他实体。"

（2）《中国—澳大利亚自由贸易协定》文本"第三章第一条定义"提到："公认会计原则是指一方认可的或有实质性官方支持的，有关记录收入、支出、成本、资产及负债、信息披露以及编制财务报表的会计原则。上述原则既包括普遍适用的广泛性指导原则，也可以包括详细的标准、惯例及程序。"

（3）《中国—澳大利亚自由贸易协定》文本"第六章第一条目标"提到："本章旨在通过以下措施进一步推进《技术性贸易壁垒协定》的实施，便利双方间的贸易……（四）在双方机构之间建立交流联系，促进监管层面的合作；（五）扩大双方标准、认可和合格评定机构间的现有合作，以促进对合格评定结果的认可和接受。"

（4）《中国—澳大利亚自由贸易协定》文本"第六章第七条合格评定程序"提到："双方同意就合格评定程序，包括检测、检验、认证、认可以及计量等交换信息，以便在符合《技术性贸易壁垒协定》及双方有关国内法律法规的情况下，在合格评定领域建立合作机制。"

（5）《中国—澳大利亚自由贸易协定》文本"第六章第七条合格评定程序"提到："在符合本条第六款规定的情况下，各方应以不高于对其领土内合格评定机构的条件，认可或以其他方式承认另一方领土内的合格评定机构。"

（6）《中国—澳大利亚自由贸易协定》文本"第六章第七条合格评定程序"提到："在认可、批准、许可或以其他方式承认澳大利亚领土内可以对特定技术法规或标准进行合格评定的机构之前，中国国内法律法规要求双方或其主管部门之间签署合作协议。"

（7）《中国—澳大利亚自由贸易协定》文本"第六章第八条透明度"提到："对于另一方提出的关于技术法规和合格评定程序、需要进行合格评定的产品、开展合格评定活动有关的费用和规费、经认可可以开展认证和实验室检测活动的机构及其业务范围等的合理信息要求，一方应在可行的情况下及时予以回应。"

（8）《中国—澳大利亚自由贸易协定》文本"第六章第九条贸易便利化"提到："双方应在标准、技术法规和合格评定程序领域进行合作，以促进双方之间的贸易。双方尤其应努力就有关特定事项或部门适用的标准、技术法规和合格评定程序提出倡议，以便利贸易。此类倡议可以包括……（四）对合格评定机构的资质认可。"

（9）《中国—澳大利亚自由贸易协定》文本"第六章第十一条合作和技术援助"提到："双方及其主管部门在技术性贸易壁垒领域已有相当程度的合作。为支持本章的实施，增进对各自管理体系的相互了解，双方应考虑通过根据本章第十三条设立的技术性贸易壁垒委员会在技术性贸易壁垒领域开展进一步合作及技术援助项目。此类合作和技术援助可以包括……（五）促进以国际标准化组织（ISO）和国际电工委员会（IEC）相关标准和指南为基础认可合格评定机构。"

（10）《中国—澳大利亚自由贸易协定》文本"第八章附件二第四条承认"提到："一方在决定其有关金融服务的措施应如何实施时，可承认另一方或非缔约方的审慎措施。此类承认可以依据与某一国际标准制定机构、另一方或非缔约方的协定或安排，通过协调或其他方式实现，也可自动给予。"

（11）《中国—澳大利亚自由贸易协定》文本"第十二章第二条定义"提到："电子签名是指采用电子形式、附着于或在逻辑上与数据电文相关的数据，该数据可用于鉴别和数据电文相关的签名人，表明签名人对数据电文所含信息的认可。"

5. 贸易协定文本中含有"合格评定"关键词的条款

（1）《中国—澳大利亚自由贸易协定》文本"第六章第一条目标"提到："本章旨在通过以下措施进一步推进《技术性贸易壁垒协定》的实施，便利双方间的贸易：（一）加强合作，以确保技术法规、标准和合格评定程序不对贸易构成不必要的壁垒；（二）更好获取双方有关技术法规、标准和合格评定程序的信息；（三）增强对双方技术法规、标准和合格评定程序的相互理解；（四）在双方机构之间建立交流联系，促进监管层面的合作；（五）扩大双方标准、认可和合格评定机构间的现有合作，以促进对合格评定结果的认可和接受。"

（2）《中国—澳大利亚自由贸易协定》文本"第六章第二条适用范围"提到："除非本条第二和第三款另有规定，本章适用于可能直接或间接影响双方间货物贸易的中央政府的所有标准、技术法规和合格评定程序。"

（3）《中国—澳大利亚自由贸易协定》文本"第六章第二条适用范围"提到："本章的任何规定不得妨碍一方根据其在《技术性贸易壁垒协定》下的权利和义务采取或者维持技术法规、标准和合格评定程序。"

（4）《中国—澳大利亚自由贸易协定》文本"第六章第三条定义"提到："就本章而言……（二）技术法规、标准和合格评定程序应使用《技术性贸易壁垒协定》附件1中赋予的含义。"

（5）《中国—澳大利亚自由贸易协定》文本"第六章第五条国际标准"提到："如果有关国际标准已经存在或即将拟就，双方应使用国际标准、指南和建议或国际标准的相关部分作为其技术法规和相关合格评定程序的基础，除非此类国际标准或其相关部分对于实现合法目标而言无效或不适当。"

（6）《中国—澳大利亚自由贸易协定》文本"第六章第七条合格评定程序"提到："为便利贸易，双方应进行合作，特别是在强制性合格评定程序方面。"

（7）《中国—澳大利亚自由贸易协定》文本"第六章第七条合格评定程序"提到："双方认识到存在诸多机制可以便利承认合格评定程序及其结果。"

（8）《中国—澳大利亚自由贸易协定》文本"第六章第七条合格评定程序"提到："双方同意就合格评定程序，包括检测、检验、认证、认可以及计量等交换信息，以便在符合《技术性贸易壁垒协定》及双方有关国内法律法规的情况下，在合格评定领域建立合作机制。"

（9）《中国—澳大利亚自由贸易协定》文本"第六章第七条合格评定程序"提到："双方同意鼓励其合格评定机构开展更加密切的合作，以便利双方之间承认合格评定结果。"

（10）《中国—澳大利亚自由贸易协定》文本"第六章第七条合格评定程序"提到："在符合本条第六款规定的情况下，各方应以不高于对其领土内合格评定机构的条件，认可或以其他方式承认另一方领土内的合格评定机构。"

（11）《中国—澳大利亚自由贸易协定》文本"第六章第七条合格评定程

序"提到:"在认可、批准、许可或以其他方式承认澳大利亚领土内可以对特定技术法规或标准进行合格评定的机构之前,中国国内法律法规要求双方或其主管部门之间签署合作协议。"

(12)《中国—澳大利亚自由贸易协定》文本"第六章第七条合格评定程序"提到:"在符合《技术性贸易壁垒协定》所规定义务的情况下,本条不得妨碍一方仅由特定政府机构进行合格评定,无论在其领土或另一方领土内。"

(13)《中国—澳大利亚自由贸易协定》文本"第六章第八条透明度"提到:"双方确认透明度在拟议技术法规和合格评定程序的决策中的重要性。一方根据《技术性贸易壁垒协定》第2.9条发布通知时,应:(一)在通知中包括对拟议技术法规或合格评定程序目的的描述和采取拟议措施的理由。"

(14)《中国—澳大利亚自由贸易协定》文本"第六章第八条透明度"提到:"各方在发布最终技术法规或合格评定程序之前,应以书面或电子形式对从另一方收到的评议意见予以回复。"

(15)《中国—澳大利亚自由贸易协定》文本"第六章第八条透明度"提到:"应另一方请求,一方应向另一方提供其已采用或拟采用的标准、技术法规或合格评定程序的目的、理由及其他可能的相关信息。"

(16)《中国—澳大利亚自由贸易协定》文本"第六章第八条透明度"提到:"对于另一方提出的关于技术法规和合格评定程序、需要进行合格评定的产品、开展合格评定活动有关的费用和规费、经认可可以开展认证和实验室检测活动的机构及其业务范围等的合理信息要求,一方应在可行的情况下及时予以回应。"

(17)《中国—澳大利亚自由贸易协定》文本"第六章第九条贸易便利化"提到:"双方应在标准、技术法规和合格评定程序领域进行合作,以促进双方之间的贸易。双方尤其应努力就有关特定事项或部门适用的标准、技术法规和合格评定程序提出倡议,以便利贸易。此类倡议可以包括:(一)就技术法规和标准的一致性或等效性等管理事务开展合作;(二)与国际标准的协调;(三)接受和信任供应商合格声明的可行性;(四)对合格评定机构的资质认可;(五)通过承认合格评定程序进行的合作。"

(18)《中国—澳大利亚自由贸易协定》文本"第六章第九条贸易便利化"

提到："双方应鼓励各自的标准化和合格评定机构在制定与本章有关的标准、指南、建议或政策时进行磋商和意见交流，就相关国际或区域组织讨论的重要问题进行磋商和意见交流。"

（19）《中国—澳大利亚自由贸易协定》文本"第六章第十一条合作和技术援助"提到："双方及其主管部门在技术性贸易壁垒领域已有相当程度的合作。为支持本章的实施，增进对各自管理体系的相互了解，双方应考虑通过根据本章第十三条设立的技术性贸易壁垒委员会在技术性贸易壁垒领域开展进一步合作及技术援助项目。此类合作和技术援助可以包括……（二）就技术法规、标准、合格评定程序和良好管理实践交换信息……（四）增强国际标准作为技术法规和合格评定程序基础的作用；（五）促进以国际标准化组织（ISO）和国际电工委员会（IEC）相关标准和指南为基础认可合格评定机构。"

（20）《中国—澳大利亚自由贸易协定》文本"第六章第十三条技术性贸易壁垒委员会"提到："委员会的职能应包括……（三）提供一方有关标准、技术法规和合格评定程序的信息，以回应另一方的合理信息要求。"

十三、《中国—格鲁吉亚自由贸易协定》

2015年12月10日，中国与格鲁吉亚签署了《中华人民共和国商务部和格鲁吉亚经济与可持续发展部关于启动中格自由贸易协定谈判的谅解备忘录》，正式启动中格自由贸易协定谈判。2017年5月13日，中国与格鲁吉亚签署了《中国—格鲁吉亚自由贸易协定》，该协定于2018年1月1日正式生效。

在《中国—格鲁吉亚自由贸易协定》文本中"质量"一词出现了4次，"标准"一词出现了23次，"认证"一词出现了5次，"认可"一词出现了4次，"合格评定"一词出现了9次。相关条款涉及原产地规则、海关程序与贸易便利化、卫生与植物卫生措施、技术性贸易壁垒、服务贸易、知识产权、合作领域等内容。涉及的具体条款如下。

1. 贸易协定文本中含有"质量"关键词的条款

（1）《中国—格鲁吉亚自由贸易协定》文本"第八章第八条国内规制"提到："为保证有关资格要求和程序、技术标准和许可要求的各项措施不致构成不必要的服务贸易壁垒，缔约双方应共同审议按照《服务贸易总协定》第六条第四款所开展的有关此类措施纪律的谈判结果,以将该谈判结果纳入本协定。缔约双方注意到此类纪律旨在特别保证上述要求……(二)不得比为保证服务质量所必需的限度更难以负担。"

(2)《中国—格鲁吉亚自由贸易协定》文本"第十一章第七条获得和维持程序"提到:"每一缔约方应:(一)继续加强知识产权的审查和注册制度,包括完善审查程序和质量体系。"

(3)《中国—格鲁吉亚自由贸易协定》文本"第十一章第十三条地理标志"提到:"本协定中,'地理标志'是用于明确商品原产于一方的领土,或领土内的一个区域或一个地方的标志,且该商品的特定质量、声誉或其他特性本质上归因于其地理来源。"

(4)《中国—格鲁吉亚自由贸易协定》文本"第十一章第十八条一般性合作"提到:"缔约双方将考虑,在已建立的合作框架下就共同感兴趣的领域继续合作,以在彼此管辖范围内改善知识产权制度的运作,包括行政程序。合作内容可以包括,但不一定限于……(四)提高专利审查质量和效率。"

2. 贸易协定文本中含有"标准"关键词的条款

(1)《中国—格鲁吉亚自由贸易协定》文本"第一章第一条定义"提到:"公认会计原则是指一方公认的有关记录收入、支出、成本、资产及负债、信息披露以及编制财务报表方面的会计准则。这些准则既包括普遍适用的广泛性指导原则,也可以包括详细的标准、惯例及程序。"

(2)《中国—格鲁吉亚自由贸易协定》文本"第一章第二条原产货物"提到:"除附件二(产品特定原产地规则)中列出的必须符合规定要求的货物外,该货物在一方使用非原产材料生产且满足区域价值成分不低于40%标准。"

(3)《中国—格鲁吉亚自由贸易协定》文本"第一章第十一条附件、备件及工具"提到:"对于适用附件二(产品特定原产地规则)所列的税则归类改变标准的货物,在确定货物原产地时,第一款中所述的附件、备件及工具可不予考虑。"

(4)《中国—格鲁吉亚自由贸易协定》文本"第四章第三条便利化"提到:"每一缔约方应使用基于适当国际标准的高效的海关程序,以减少在双方贸易往来中的贸易成本和不必要的延误,尤其是世界海关组织的标准与推荐做法，包括《关于简化和协调海关制度的国际公约（修正本）》(《经修订的京都公约》)的原则。"

（5）《中国—格鲁吉亚自由贸易协定》文本"第四章第十三条经认证经营者"提到："借鉴相关的国际标准，特别是世界海关组织（WCO）的全球贸易安全与便利标准框架（SAFE框架）的做法。"

（6）《中国—格鲁吉亚自由贸易协定》文本"第五章第六条协调"提到："缔约双方应尽力将SPS措施建立在已经存在的国际标准、指南或建议的基础上。"

（7）《中国—格鲁吉亚自由贸易协定》文本"第五章第七条区域化"提到："缔约双方按照《SPS协定》第六条和相关国际组织建立的标准和指南规定的区域化的原则实施。"

（8）《中国—格鲁吉亚自由贸易协定》文本"第六章第一条目标"提到："本章的目标为：（一）确保技术法规、标准和合格评定程序不会对贸易造成不必要的技术壁垒，以便利和促进缔约双方之间的货物贸易；（二）加强合作，包含标准、技术法规和合格评定程序准备、采用及应用的信息交换；（三）促进缔约双方之间对每一缔约方标准、技术法规和合格评定程序的相互理解。"

（9）《中国—格鲁吉亚自由贸易协定》文本"第六章第二条范围"提到："本章适用于每一缔约方所有会直接或间接影响缔约双方贸易的技术性法规、标准和合格评定程序。"

（10）《中国—格鲁吉亚自由贸易协定》文本"第六章第五条技术法规"提到："当相关国际标准已经存在或即将拟就，每一缔约方应以其全部或部分相关内容为技术法规的基础，除非该国际标准或其相关部分对立法目标的实现是无效的或不适宜的，如存在基本的气候或地理因素，或者基本的技术问题。"

（11）《中国—格鲁吉亚自由贸易协定》文本"第六章第六条标准"提到："就本章而言，特别是由国际标准化组织（ISO）、国际电工委员会（IEC）、国际电信联盟（ITU）和国际食品法典委员会（CAC）颁布的标准，应被视为《TBT协定》第2.4条中所称的相关国际标准。"

（12）《中国—格鲁吉亚自由贸易协定》文本"第六章第六条标准"提到：

"缔约双方同意加强标准化领域的经验和信息交流。"

（13）《中国—格鲁吉亚自由贸易协定》文本"第六章第八条透明度"提到："每一缔约方重申按照《TBT协定》相关要求，公开新提议的或修改的有关技术法规、标准和合格评定程序的有关信息。"

（14）《中国—格鲁吉亚自由贸易协定》文本"第六章第十条合作"提到："缔约双方应在以下领域加强技术合作，以增加对彼此体系的了解、便利双边贸易：（一）缔约双方主管部门之间的交流；（二）关于技术法规、标准、合格评定程序和良好管理实践的信息交换；（三）在可能的情况下，鼓励缔约双方合格评定机构的合作；（四）对标准和合格评定程序的开发与应用领域的相关区域或国际机构的工作上有共同利益的领域合作。"

（15）《中国—格鲁吉亚自由贸易协定》文本"第八章第二条定义合作"提到："业务权是指以有偿或租用方式，往返于一方领土或在该领土之内或之上经营和（或）运载乘客、货物和邮件的定期或不定期服务的权利，包括服务的地点、经营的航线、运载的运输类型、提供的能力、收取的运费及其条件以及指定航空公司的标准，如数量、所有权和控制权等标准。"

（16）《中国—格鲁吉亚自由贸易协定》文本"第八章第七条附加承诺合作"提到："一方可就影响服务贸易，但根据本章第四条和第五条不需列入减让表的措施，包括但不限于有关资格、标准或许可事项的措施，谈判承诺。此类承诺应列入一方在本协定附件8-E或8-F中其具体承诺减让表。"

（17）《中国—格鲁吉亚自由贸易协定》文本"第八章第八条国内规制"提到："为保证有关资格要求和程序、技术标准和许可要求的各项措施不致构成不必要的服务贸易壁垒，缔约双方应共同审议按照《服务贸易总协定》第六条第四款所开展的有关此类措施纪律的谈判结果，以将该谈判结果纳入本协定。缔约双方注意到此类纪律旨在特别保证上述要求：（一）依据客观和透明的标准，例如提供服务的能力和资格。"

（18）《中国—格鲁吉亚自由贸易协定》文本"第八章第八条国内规制"提到："在一方已做出具体承诺的部门中，在将本条第四款所述纪律纳入本协定之前，该方不得以下列方式实施使本协定项下义务失效或减损的许可要求、资格要求或技术标准。"

（19）《中国—格鲁吉亚自由贸易协定》文本"第八章第八条国内规制"提到："在确定一方是否符合本条第五款（一）项下的义务时，应考虑该方所实施的有关国际组织的国际标准。"

（20）《中国—格鲁吉亚自由贸易协定》文本"第八章第九条承认"提到："为使服务提供者获得授权、许可或证明的标准或准则得以全部或部分实施，在遵守本条第四款要求前提下，一方可承认或鼓励其相关主管部门承认在另一方获得的教育或经历、满足的要求，或授予的许可或证明。此类可通过协调或其他方式实现的承认，可依据缔约双方或相关主管部门的协定或安排，也可自动给予。"

（21）《中国—格鲁吉亚自由贸易协定》文本"第八章第九条承认"提到："在适用服务提供者获得授权、许可或证明的标准或准则时，一方给予承认的方式不得构成在另一方和非缔约方之间进行歧视的手段，或构成对服务贸易的变相限制。"

（22）《中国—格鲁吉亚自由贸易协定》文本"第十一章第二条定义"提到："一方国民，就相关权利而言，包括该方符合《与贸易有关的知识产权协定》第1.3条所列协定规定的保护标准的实体。"

（23）《中国—格鲁吉亚自由贸易协定》文本"第十二章第二条电子商务"提到："缔约双方同意就电子商务相关问题交流信息和经验，包括（但不限于）法律与法规、规则与标准，及最佳实践等。"

3. 贸易协定文本中含有"认证"关键词的条款

（1）《中国—格鲁吉亚自由贸易协定》文本"第四章第十三条经认证经营者"提到："一方在实施对国际贸易流动产生影响的经认证经营者制度或安全措施时，应当：（一）向另一方提供就认证和安全措施互认进行谈判的可能性，以保证在有效进行海关监管的同时促进国际贸易的便利化。"

（2）《中国—格鲁吉亚自由贸易协定》文本"第六章第七条合格评定程序"提到："旨在提高效率、确保合格评定的成本效益，每一缔约方应请求加强另一方境内经相关认证或授权合格的评定机构做出的合格评定程序结果的可接受性，应通过单独的互认协定实施。"

（3）《中国—格鲁吉亚自由贸易协定》文本"第六章第七条合格评定程

序"提到:"缔约双方根据要求商定交换包括测试、认证和认可的合格评定程序的信息。"

（4）《中国—格鲁吉亚自由贸易协定》附件"8-D中医药合作"提到:"鼓励两国与中医药从业人员有关的认证体系加强讨论,包括探讨按照格鲁吉亚法律在其国内医疗体系中纳入中医药服务的可能性。"

（5）《中国—格鲁吉亚自由贸易协定》附件"8-D中医药合作"提到:"鼓励两国与中医药从业人员有关的监管机构、专业机构和注册部门之间的合作,以便按照各自法律对中医药从业人员资质的认可和认证做出澄清,并提出建议。"

4. 贸易协定文本中含有"认可"关键词的条款

（1）《中国—格鲁吉亚自由贸易协定》文本"第三章第八条可互换材料"提到:"如果在货物生产过程中同时使用了原产和非原产的可互换材料,应采用以下方法确定所使用的材料是否为原产材料:（一）材料的物理分离；（二）出口方公认会计准则认可的库存管理方法,且其使用时间至少为一个财政年度。"

（2）《中国—格鲁吉亚自由贸易协定》文本"第三章第二十一条原产地电子数据交换系统"提到:"双方应当建立原产地电子数据交换系统,确保海关之间能实时交换原产地相关信息,包括:（一）唯一的原产地证书编号信息；（二）出口方海关认可的应给予优惠关税待遇的出口货物相关数据。"

（3）《中国—格鲁吉亚自由贸易协定》文本"第六章第七条合格评定程序"提到:"缔约双方根据要求商定交换包括测试、认证和认可的合格评定程序的信息。"

（4）《中国—格鲁吉亚自由贸易协定》附件"8-D中医药合作"提到:"鼓励两国与中医药从业人员有关的监管机构、专业机构和注册部门之间的合作,以便按照各自法律对中医药从业人员资质的认可和认证做出澄清,并提出建议。"

5. 贸易协定文本中含有"合格评定"关键词的条款

（1）《中国—格鲁吉亚自由贸易协定》文本"第六章第一条目标"提到:"本章的目标为:（一）确保技术法规、标准和合格评定程序不会对贸易造成不必要的技术壁垒,以便利和促进缔约双方之间的货物贸易;(二)加强合作,包含标准、技术法规和合格评定程序准备、采用及应用的信息交换;(三)促进缔约双方之间对每一缔约方标准、技术法规和合格评定程序的相互理解。"

(2)《中国—格鲁吉亚自由贸易协定》文本"第六章第二条范围"提到:"本章适用于每一缔约方所有会直接或间接影响缔约双方贸易的技术性法规、标准和合格评定程序,不应包括:(一)第五章的 SPS 措施;(二)为政府机构自身生产或消费准备的采购规范,如 WTO《技术性贸易壁垒协定》(《TBT 协定》)的第1条第1.4款的规定。"

(3)《中国—格鲁吉亚自由贸易协定》文本"第六章第七条合格评定程序"提到:"旨在提高效率、确保合格评定的成本效益,每一缔约方应请求加强另一方境内经相关认证或授权合格的评定机构做出的合格评定程序结果的可接受性,应通过单独的互认协定实施。"

(4)《中国—格鲁吉亚自由贸易协定》文本"第六章第七条合格评定程序"提到:"在合格评定的合作中,缔约双方应考虑各自参加相关国际组织和(或)区域组织的情况。"

(5)《中国—格鲁吉亚自由贸易协定》文本"第六章第八条透明度"提到:"每一缔约方重申按照《TBT 协定》相关要求,公开新提议的或修改的有关技术法规、标准和合格评定程序的有关信息。"

(6)《中国—格鲁吉亚自由贸易协定》文本"第六章第八条透明度"提到:"每一缔约方应在收到书面请求的15个工作日内以可用的语言,向请求方提供其通告的技术法规和合格评定程序的全文。"

(7)《中国—格鲁吉亚自由贸易协定》文本"第六章第八条透明度"提到:"除因发生或可能发生健康、安全和环境风险而采取的紧急措施外,每一缔约方在向世界贸易组织通报其技术法规和合格评定程序时,应给予另一方不少于60天的评议期。"

(8)《中国—格鲁吉亚自由贸易协定》文本"第六章第九条技术磋商"提到:"当一方认为另一方的相关技术法规或合格评定程序已对其出口构成不必要的障碍,该方可请求进行技术磋商。被请求方须尽早对请求做出回应。"

(9)《中国—格鲁吉亚自由贸易协定》文本"第六章第十条合作"提到:

"缔约双方应在以下领域加强技术合作，以增加对彼此体系的了解、便利双边贸易：（一）缔约双方主管部门之间的交流；（二）关于技术法规、标准、合格评定程序和良好管理实践的信息交换；（三）在可能的情况下，鼓励缔约双方合格评定机构的合作；（四）对标准和合格评定程序的开发与应用领域的相关区域或国际机构的工作上有共同利益的领域合作。"

十四、《中国—东盟全面经济合作框架协议》

2002年11月4日，朱镕基总理和东盟10国领导人共同签署了《中国—东盟全面经济合作框架协议》（以下简称《框架协议》），这标志着中国与东盟的经贸合作进入了一个新的历史阶段。《框架协议》是未来自贸区的法律基础，共有16个条款，总体确定了中国—东盟自贸区的基本架构。根据《框架协议》，中国—东盟自贸区将包括货物贸易、服务贸易、投资和经济合作等内容。其中货物贸易是自贸区的核心内容，除涉及国家安全、人类健康、公共道德、文化艺术保护等WTO允许例外的产品以及少数敏感产品外，其他全部产品的关税和贸易限制措施都应逐步取消。

在《框架协议》文本中"标准"一词出现了2次，"认证"一词出现了1次，没有出现"质量""认可""合格评定"等关键词。涉及的具体条款如下。

1. 贸易协定文本中含有"标准"关键词的条款

（1）《框架协议》文本"货物贸易"一项下提到："基于GATT的保障措施，包括但不限于下列内容：透明度，涵盖范围，行动的客观标准——包括严重损害或严重损害威胁的概念，以及临时性。"

（2）《框架协议》文本"第二部分第七条"提到："加强合作的措施应包括但不应仅限于：（i）标准及一致化评定。"

2. 贸易协定文本中含有"认证"关键词的条款

《框架协议》文本"第二条全面经济合作措施"提到："建立有效的贸易与投资便利化措施，包括但不限于简化海关程序和制定相互认证安排。"

十五、《亚太贸易协定》

《亚太贸易协定》（*First Agreement on Trade Negotiations among Developing Member Countries of the Economic and Social Commission for Asia and the*

Pacific)的前身是《曼谷协定》。该协定是在联合国亚洲及远东经济委员会[The Economic Commission for Asia and the Far East，后改名为联合国亚洲及太平洋经济和社会委员会（The Economic and Social Commission for Asia and the Pacific，简称联合国亚太经社会，ESCAP）]的推动和主持下建立的。《曼谷协定》是亚太区域中唯一由发展中国家组成的关税互惠组织，其宗旨是通过该协定成员国对进口商品相互给予关税和非关税优惠，不断扩大成员国之间的经济贸易合作，促进共同发展。2005年11月2日，《曼谷协定》第一届部长级理事会在北京举行。会上，各成员代表共同宣布协定正式更名为《亚太贸易协定》。此外，《亚太贸易协定》第四轮关税减让成果文件——《亚太贸易协定第二修正案》（以下简称《修正案》）于2018年7月1日正式生效实施。

在《亚太贸易协定》文本中"标准"一词出现了6次，"认证"一词出现了1次，没有出现"质量""认可""合格评定"关键词。涉及的具体条款如下。

1. 贸易协定文本中含有"标准"关键词的条款

（1）《亚太贸易协定》文本"第十一条本协定的范围"提到："本协定应涵盖所有以原材料、半加工和加工形式出现的制成品和初级产品。就边境和非边境措施，参加国应探索更多的合作领域以支持贸易自由化。这些措施还可包括标准的协调、相互承认产品的检测和认证、宏观经济咨询、贸易便利化措施和服务贸易。"

（2）《亚太贸易协定》文本"附件二"对《亚太贸易协定》"第八条享受优惠待遇的货物的原产地标准"进行了规定。

（3）《亚太贸易协定》文本"附件二第三条非完全生产或获得的货物"提到了非原产材料含量的计算公式，以及按照第3条（a）达到的原产标准要求。

（4）《亚太贸易协定》文本"附件二第四条原产地累积标准"提到："符合第一条所述原产地要求的产品，且该产品在一参加国境内用作可享受另一参加国优惠待遇的最终产品的投入品，如果最终产品中该参加国成分合计不低于其FOB价的60%，则该产品应视为最终产品制造或加工所在参加国的原产产品。"

（5）《亚太贸易协定》文本"附件二第九条审议"提到："必要时应三分之一参加国要求可对本原产地标准进行审议，经同意可对其进行修订。"

（6）《亚太贸易协定》文本"附件二第十条特殊比例标准"提到："最不发达参加国原产的产品在适用第三条和第四条规定的百分比（或比例）时可享受10个百分点的优惠。但是，适用第三条时百分比不能超过65%，适用第四条时，百分比不能低于50%。"

2. 贸易协定文本中含有"认证"关键词的条款

《亚太贸易协定》文本"第十一条本协定的范围"提到："本协定应涵盖所有以原材料、半加工和加工形式出现的制成品和初级产品。就边境和非边境措施，参加国应探索更多的合作领域以支持贸易自由化。这些措施还可包括标准的协调、相互承认产品的检测和认证、宏观经济咨询、贸易便利化措施和服务贸易。"

第三章　国际贸易协定与质量的关系

当今随着全球化的深入发展，质量在全球贸易中扮演了越来越重要的角色。当今国际社会不仅关注一国贸易量的多少，而且更看重一国贸易质量的高低。传统研究主要关注国际贸易协定所带来的贸易效应，鲜有文章关注国际贸易协定与质量的关系。而研究这一问题对各国当前对外贸易升级发展具有重要的现实意义，我们将从国际贸易协定中与质量相关的条款出发，研究国际贸易协定对质量的关注程度及影响，并以此为基础总结出国际贸易协定与质量的关系，从而为将来制定国际贸易协定提供借鉴。

一、国际贸易协定与质量发展

1. 国际贸易协定与质量发展的直接关系

（1）国际贸易协定显著提高了中国出口产品质量

在新一轮经济全球化中，各国都在谋求调整经济结构，同质化的产品极易被他国替代，由此，国际贸易的竞争也由价格竞争、规模竞争逐步转向产品质量竞争。

王明涛等（2019）利用中国出口到自由贸易协定成员的产品数据，考察了自由贸易协定（Free Trade Agreement，FTA）对中国制造业出口产品质量的影响，结果表明，FTA对中国出口产品质量具有显著的提升作用。从进口国看，FTA对出口到中低收入国家和亚洲国家的产品质量具有较大的正面影响；从不同产品类型看，FTA对产品质量的影响因产品技术类型、出口竞争力和距离世界前沿质量差距的不同而具有差异性。中国自2005年以来不断签署双边和区域贸易协定（Regional Trade Agreement，RTA），为我国产品出口开拓了新的市场，提高了中国出口产品的质量，实现了更高水平的发展。

（2）国际贸易协定的签署促进了中国的可持续发展

2017年，中国共产党第十九次全国代表大会提出我国经济已由高速发展阶段转向高质量发展阶段，强调在高质量发展进程中，贯彻创新、协调、绿色、开放、共享的可持续发展理念，而这一理念也体现在中国与其他国家签订的FTA之中。

在全球和区域生态环境挑战日益严峻的今天，中国不断推动绿色贸易发展，将环保要求融入FTA，扩大绿色产品和服务进出口，将资源节约和环境友好原则融入国际产能和装备制造合作全过程，体现了绿色发展这一高质量发展要求。

在中国所签署的FTA之中，截至2019年已经涉及12个"一带一路"沿线国家，并且与"一带一路"沿线国家签署了《上海合作组织成员国政府间国际道路运输便利化协定》《中国—东盟海运协定》等130多个双边和区域运输协定，涉及铁路、公路、海运、航空和邮政等多个方面。以合作共赢、经验共享来破解制约沿线众多发展中国家经济发展的瓶颈，对助推这些国家经济增长有重要作用，体现了共享发展这一高质量发展要求。

在FTA的签署过程中，各国的经济发展水平存在不平衡的现象，协调双方或多方的共同利益成为协定关注的焦点。中国在这一过程中强调规则标准对接互认，积极对接普遍接受的国际规则标准，推动企业在项目建设、运营、采购、招投标等环节按照普遍接受的国际规则标准进行，遵守联合国全球契约，体现了协调发展这一高质量发展要求。

（3）国际贸易协定提高了出口产品多元化水平

2019年6月12日召开的国务院常务会议指出，以企业为主体，拓展多元化国际市场，有利于促进外贸稳中提质和经济平稳运行。其中，"以企业为主体"引起了市场关注[①]。企业作为开拓多元化市场的主体，离不开良好的贸易环境以及便利的出口流程。一方面，更多高标准FTA和RTA正在被推进，就货物贸易、服务贸易、投资、规则等重要议题深入交换意见，取得积极进展。另一方面，中国也在贸易协定签署的过程中积极推进通关便利化，不断简化一体化通关流程，大幅压缩通关时间，从而以良好的环境和政策支撑促进企业向多元化国际市场发展。

（4）国际贸易协定促使国内产品质量改革

中国改革开放以来，经济水平快速发展，"中国制造"不断走向世界，各国的产品也大量进入中国市场。随着中国签署的贸易协定的不断增多，组织生产出高质量的、在市场上有竞争力的产品就成为中国出口中主要考虑的问

---

① 信息来源于新华网（www.xinhuanet.com/politics/2019-06/12/c_1124614835.htm）。

题。双边或多边FTA中对产品质量的高标准要求提高了具有高产品质量企业的市场份额，同时淘汰具有落后产能的企业，使资源得以优化再配置。

国际贸易协定主要从三个方面促进国内产品质量改革：一是贸易协定的签署使得中国可以深入了解区域国际标准化的需求，为政府相关部门和优势出口企业提供前沿信息服务与标准化技术支持。推动企业外向成长，提升其参与国际竞争的意识，并通过优质标准提升核心竞争力。二是贸易协定搭建起了地方优势企业与境外有影响力标准机构的合作平台，使先进国际标准可以与企业实时需求对接，让企业可以学习国外先进的标准理论及制定流程，不断完善自身研发水平。三是加强了与贸易国标准化机构的联系，引导企业参与国际标准修订工作，从被动逐渐转变为主动，从而提高企业标准自主创新能力，促进标准技术水平提升。

（5）国际贸易协定能促进"一带一路"沿线贸易高质量发展

"一带一路"倡议具有重大理论与实践价值，作为习近平新时代中国特色社会主义思想的重要组成部分，"一带一路"倡议不仅描绘了新时代中国改革开放再出发的壮丽前景，也对当今经济全球化和世界发展具有重要意义。

截至2019年2月，WTO（世界贸易组织）收到的贸易协定通报中已经生效的有293个，比2000年增加了2.71倍。其中，至少包含两个"一带一路"沿线国家的贸易协定有144个，占全世界已生效贸易协定总数的一半左右，"一带一路"沿线国家的贸易规模不断扩大[1]。我们可以看到，中国与"一带一路"沿线国家签署的贸易协定以传统货物贸易政策议题为主，较少涉及知识产权、环境、劳工、电子商务和政策采购等议题。通过贸易协定升级谈判可以有效地对这些内容进行补充，借鉴高标准高质量贸易协定的规则理念来对现有的或者正在谈判的贸易协定进行升级，从而全方位地提高中国与"一带一路"沿线国家的贸易质量。可以设想，中国与"一带一路"沿线国家如果都能实现高质量发展，那么将提高中国整体的贸易水平，在国际社会上将会有更大的话语权。

（6）国际贸易协定的深度能有效提高一国价值链上升水平

20世纪90年代以来，国际分工出现重大转型，"本国生产、全球销售"的

---

[1] 数据来源于WTO官网RTA Database（http://rtais.wto.org/UI/PublicMaintain RTAHome.aspx）。

传统贸易模式逐步被"全球生产、全球销售"的价值链模式所替代。这一价值链分工模式的出现,一方面加深了各国间的经济合作,另一方面也对现有的国际贸易规则提出了挑战。庞大的 RTA 复杂网络在全球范围内逐渐展开,遍布欧、亚、非各国,形成错综复杂的"意大利面碗"。RTA 的发展不仅在于数量增长,更在于质量提升。传统的 RTA 仅停留在关税、非关税削减等"边境上壁垒"层面,而现有的贸易协定越来越关注到"边境后壁垒"层面以及"跨边境互通互联",逐步涵盖服务贸易、知识产权、竞争政策、电子商务等后边境规则,并不断提升法律可执行程度;更有甚者,还将反腐、政治体制、人权、文化等与贸易相关的内容纳入协定。国际贸易协定条款的深度不断提升[①]。

韩剑(2019)实证研究了41个国家(地区)2005—2014年10年间 FTA 签署对其全球价值链融入的影响后发现,签署深度 FTA 能够有效促进一国在全球价值链的参与程度及长度并提高其价值链上游度水平,并且 FTA 深度对加深发展中国家在全球价值链中的参与程度更加有效。通过签订深度 FTA,发展中国家之间得以通过共享生产网络,加快学习以获得国内生产优势,并逐渐成为他国中间产品的供应者,从而向全球价值链的上游移动,拉长与消费终端的距离。中国作为世界上最大的发展中国家,积极签署 FTA,加快贸易升级谈判,有利于构建和延长国内价值链。

2. 国际贸易协定与质量发展的间接关系

(1) 国际贸易协定通过降低关税提高出口产品质量

从贸易的角度看,国际贸易协定的缔结降低了关税水平,部分商品甚至达到零关税,产生的贸易创造效应和贸易转移效应加剧了产品市场竞争,有助于企业生产率的提高,促进产品质量升级。

Dai 等(2014)研究了1990—2002年 FTA 对40个国家(地区)和世界其他地区总和之间的贸易转移效应的影响,证实了 FTA 中贸易转移效应的存在。Fan 等(2018)则研究了中国加入 WTO 背景下出口质量与生产率的关系,通过实证分析发现企业生产率与产品质量具有正相关关系。樊海潮等(2015)在分析出口产品价格、产品质量和生产率时发现,企业生产率越高,产品质量就越高。

---

① 信息来源于腾讯新闻(https://new.qq.com/rain/a/20191008A0PUJQ00)。

早期的贸易协定主要着眼于关税减免措施的制定,虽然目前世界关税水平已经降至5%,关税可再减免的幅度有限,但在各国的贸易协定中关税条款仍然扮演着重要角色。在中国目前已经签订的FTA中,就关税条款而言,除中国和巴基斯坦FTA外,所有FTA中双方实施关税减免的产品税目范围占所有贸易产品税目的份额均超过90%,总体平均水平约为95%,关税减免达到相当高的水平。包括美国、欧盟这样的发达经济体在其所签订的贸易协定中对于关税的减免都做了相应的规定,应该说正是由于国际贸易协定对关税减免的重视才使得世界关税水平进一步下降,从而间接提高了产品质量。

(2)国际贸易协定促进了出口质量升级

在出口质量的影响因素探究之中,一国的自主技术创新被认为是影响一国出口质量的因素之一。曲如晓(2019)使用2007—2016年113个制造业细分行业的数据探究了自主创新对出口产品质量升级的影响。经研究发现,自主创新对制造业出口产品质量升级有正向作用,自主创新每提高10%,出口产品质量上升0.849%,中国自主创新是拉动出口质量升级的主要动力。

签署FTA后,一是能引进更多国外先进技术,缩短与国外技术差距,提升我国在关键核心技术和"短板"技术上的创新能力;二是贸易协定加强了本国企业和国外高技术企业、科研机构等的技术合作,发挥各自产品技术优势,实现产品的技术进步;三是贸易协定的签署促进了双方企业科研人员的交流与合作,提高了产品技术水平;四是激励了我国跨国企业在海外设立研发中心或联合研发中心,从而有效利用海外资源,提升企业产品技术含量,实现产品质量的转型升级。

(3)国际贸易协定通过扩大中间品进口来提高出口产品质量

国际贸易协定有助于提高进口中间品贸易额,进口中间品无论是数量的增加还是种类的扩大,亦或是质量水平的提升,均会促进企业产品质量的提高。针对这条路径的理论依据,不少学者已经进行过研究。Bas和Strauss-Kahn(2015)研究了中间品贸易自由化对出口产品质量的影响,结果表明,中间品进口关税下降引致进口中间品价格和种类的增加,企业利用中间品贸易自由化升级中间品质量,从而促进最终品质量提升。刘晅之(2018)对我国中间品进口对制造业创新的影响进行了全面分析,结果表明,中间品的国际溢出效应显著提高了我国制造业的创新能力，提升进口中间产品多样性以及扩大来自发达国家高质量中间品的进口量是提高制造业企业产品质量的重要措施。

不少学者的研究也表明国际贸易协定越来越关注中间品贸易效应：Florensa等（2011）分析了拉美一体化协会和南方共同市场两个RTA对该地区中间品与最终产品贸易的影响，发现RTA能显著促进中间品贸易的增长。童伟伟（2018）则对中国各FTA的深度进行测算后发现贸易协定可以从两方面扩大中间品贸易：一是部分FTA中包含的非关税措施方面的协调与互认条款能在一定程度上避免反倾销等贸易保护措施的实施，降低由于技术标准及其认定程序差异所导致的贸易成本，从而促进中间品贸易；二是当前的深度一体化FTA不仅着眼于贸易领域，通常还包含区域投资协定部分，规定了各种类型的投资自由化和便利化措施。这些政策安排旨在降低伙伴国之间的投资门槛，扩大投资准入行业与领域，进而能够促进区域内直接投资，带动中间品贸易增长。因此，国际贸易协定中关于中间品进口相关条款的增多及不断深化也间接表明贸易协定越来越关注产品质量。

二、国际贸易协定与服务贸易质量

1. 国际贸易协定是服务贸易质量提升的关键

21世纪以来，服务业逐渐成为各国综合国力和国际竞争力的关键。根据RTA数据库DESTA，世界范围内包含有服务贸易实质性条款的RTA数量已经从2000年的不足60个快速增加到2016年的178个[①]。说明各国已经开始重视服务贸易发展的外部空间，并且反映在所签署的国际贸易协定中。通过签署贸易协定，各国可以将服务贸易的各项内容标准化，从而更好地去制定服务贸易发展战略，规范服务贸易各个领域。国际贸易协定中有关标准法规的保证将促进服务贸易在各国间的有序发展，增强国家在全球价值链分工中的竞争能力。这种通过贸易协定来对服务贸易实行标准化的行为终会带来质量的提升。

---

① 数据来源于 https://www.designoftradeagreements.org/downloads/，关于服务贸易实质性条款的统计仅截至2016年。

2. 国际贸易协定是服务贸易质量发展的载体

根据 DESTA 统计，自 2000 年以来，国际贸易协定的签署以发展中国家居多，经济的迅速发展使得发展中国家更加注重服务行业的发展以及服务贸易的质量。作为世界第一的货物贸易大国，中国的对外贸易对全球贸易影响显著。根据 DESTA，截至 2016 年我国所签订的 13 份 FTA，均包含有专门的服务贸易章节。在我国服务贸易条款数量增长的同时，其深度也保持在较高水平：我国大多数 FTA 在服务贸易方面均规定了较高程度的行业准入和国民待遇条款，尤其是中韩、中澳 FTA 还针对服务贸易市场准入采取了负面清单管理模式，旨在进一步提升包括服务贸易条款在内的各条款的深度。

总的来说，国际贸易协定为服务贸易的实施与发展提供了平台，各国可以在双边或多边贸易协定中对服务贸易质量相关条款进行设计，并可以对既有的服务质量相关条款进行升级谈判，从而使得服务质量条款能够与时俱进，不断补充新的内容，推动服务贸易质量进一步发展。

3. 国际贸易协定扩大了服务贸易的规模

世界银行 2017 年发布的《制造业导向型发展的未来》报告提出，随着技术进步和服务经济的发展，服务贸易实现了比货物贸易更快的增长。目前，在美国的出口总额中，55% 的增加值来自服务业；一些欧洲国家的比重更高，如荷兰达到了 70%。相较于发达国家，发展中国家的服务贸易在国际竞争中的劣势就比较明显。作为世界第二大经济体的发展中国家，中国在 2018 年的服务贸易比重也仅有货物贸易的 1/6。面对来自国际的竞争压力，通过签署双边或多边贸易协定使得发展中国家能更大程度、更大规模推动服务业发展。在全球经济紧密联系的今天，国际贸易协定提供了宽广的平台，扩大和深化了各国在服务贸易领域的合作，使得发展中国家能吸取发达国家在服务贸易方面发展的经验，取长补短，推动自身服务贸易发展。

4. 国际贸易协定促进服务贸易质量创新

进入互联网时代，以金融、知识产权使用费等其他商业服务为代表的新兴领域表现出快速增长态势。但大多数发展中国家服务贸易的主体仍以旅游、运输、建筑为主，如中国这三项占服务贸易的比重在 2017 年就达到 65.6%。随着各国服务业转型升级和服务领域开放的持续深入，越来越多的国家签署的贸易协定涉及服务业市场开放和服务贸易、数字贸易的内容，通过吸收符合服务贸易发展趋势的投资自由化、便利化的相关合理内容努力与国际高标准规则接轨。此外，签署服务贸易合作协定可以推动服务业双向开放，以开放促改革促发展，充分利用 FTA 双向投资制度安排，促进本国优势服务产能的全球布局，从而带动服务贸易发展。

5. 国际贸易协定促进了数字贸易发展

国务院 2019 年政府工作报告指出，要深化大数据、人工智能等研发应用，培育高端装备、新材料、生物医药、新一代信息技术、新能源汽车等新兴产业集群，壮大数字经济。同时在新业态新模式下，加快在各行业各领域推进"互联网+"。数字贸易已经成为服务贸易发展的核心动力、转型升级的重要驱动力和高质量发展的新引擎，也是全球新一轮产业竞争的制高点。

当前在多边谈判体制下，WTO 框架并未包含专门的数字贸易规则，《与贸易有关的知识产权协定》（*Agreement on Trade-Related Aspects of Intellectual Property Rights*，TRIPS）、《服务贸易总协定》（*The General Agreement on Trade in Services*，GATS）和《全球电子商务宣言》中包含的零散规定无法满足日新月异的数字贸易发展，但其仍是数字贸易治理的重要机构。而 RTA 可以迅速满足少数几个国家的共同需求，对多边框架下无法取得进展的敏感话题展开讨论并取得成果，因为 RTA 中的试验条款很有可能创造法律先例，进而对缔约各国产生溢出效应。因此，在多边框架各国就数字贸易核心问题久久不能取得一致的背景下，RTA 无疑成为各国最好选择。

自 2000 年美国—约旦 FTA 中首次涉及电子商务以来，美国共签订了 12 个含电子商务或数字贸易章节的 RTA，且越近年份生效的 RTA 包含数字贸易条款越多，说明以美国为代表的发达国家 RTA 中的数字贸易条款正在不断完善，范围越来越广，深度也不断增加。欧盟—智利 FTA（2005）则是第一个载有大量数字贸易条款的欧盟 RTA，意图在全球贸易规则制定中占据一席之地。并且欧盟在随后签订的欧盟—韩国 FTA（2015）和欧盟—加拿大《综合经济和贸易协定》（*Comprehensive Economic and Trade Agreement*，CETA）条款变得更加具体并具有效力，涉及的数字贸易条款最多且水平更高，其余在谈判中的RTA也在研究引入新规则以期实现跨越式的发展①。可见发达国家在通过国际贸易协定来提高数字贸易质量方面已经有了不小的成就。

中国早期对双边贸易协定中的数字贸易议题并没有足够重视，只是在协议的附件中会偶尔涉及，近年来，中国电商产业迅速崛起使中国成为当之无愧的跨境电商大国，但能反映中国诉求的规则十分零散。不过，在签订的双边贸易协定中，中国开始将电子商务条款单独列章阐述。2015年达成的中国—韩国、中国—澳大利亚FTA中均涵盖了电子商务章节，表明数字贸易议题在中国参与的双边贸易协定中的重要程度正在逐步攀升。从长远看，中国必然要加快数字贸易发展，主动参与国际数字贸易谈判，设计出"以我为主"的数字贸易谈判标准，从而提升中国在全球贸易规则制定中的话语权。

6. 区域服务贸易协定能显著提高高附加值服务出口

林僖等（2018）首先从增加值贸易的视角来研究区域服务贸易协定对服务贸易的促进效应。利用WTO的区域服务贸易协定数据库测算了全球40个经济体的服务增加值贸易水平。结果表明区域服务贸易协定对服务总值和增加值出口均有显著的促进作用，且开放水平越高的协定，这种正面促进效应越强。

进入21世纪，各国缔结和执行的区域服务贸易协定的数量呈现出快速增长的态势。同时，相关缔约国也不再局限于原先以美国和欧盟为主的发达经济体，印度和墨西哥等新兴经济体也热衷于通过缔结和执行区域服务贸易协定来拓展本国的服务发展空间、获取更多的市场份额，从而提升国际竞争力和在全球产业链分工中的地位。反观中国现状，截至2011年底，中国缔结的区域服务贸易协定仅有9件，数量相对偏少，同时缔约国别也比较单一，以发展中国家居多。这使得相关协定对带动中国服务出口和深度参与全球价值链分工的作用较为有限。目前中国正处于新旧动能接续转换、经济转型升级的关键时期，通过区域服务贸易协定扩大服务业开放、发展服务贸易，不仅是主动参与制定国际经贸新规则的需要，而且有助于中国深度参与全球价值链分工以提高国内要素的利用效率，对增强服务国际竞争力、优化贸易和经济结构，促进经济持续稳定增长具有重大意义。

---

① 数据来源于WTO官网RTA Database（http://rtais.wto.org/UI/PublicMaintain RTAHome.aspx）。

三、国际贸易协定与质量标准

1. 国际贸易协定对质量标准进行了规范

对企业来说,标准化是提高管理效率、提升竞争能力的重要支撑,对产品质量的提升以及生产成本的控制都有着明显的效果。只有严格按照生产标准开展生产工作,才能有效避免生产中出现产品质量不达标的现象。各国签署国际贸易协定可以对出口产品质量进行标准化的规定,并逐渐与国际标准接轨。贸易协定中的质量标准是指对产品的结构、规格、质量、检验方法所做的技术规定。质量标准可以划分为管理体系标准(如 ISO 9000 系列质量管理体系标准)和产品技术要求标准(如 ANSI/ASME、ANSI/IEEE、ANSI/SAE 等)。而国际贸易协定中的 TBT(Technical Barriers to Trade,技术性贸易壁垒)条款则很好地对这些质量标准进行了规定。因此,在国际贸易协定中,TBT 条款已经成为各国关注的重要内容。大多数发达国家和发展中国家都在其签署的自贸协定中对 TBT 问题做出了明确规定。

总的来说,国际贸易协定对质量标准规范的日益重视体现了各国对出口产品生产质量的关注,并且贸易协定中对质量标准的硬性要求可以有效提高产品质量安全,在标准化的约束下,出口产品的合格率不断上升,各行业也对标准化越来越重视,并将产品质量提高作为提升自身核心竞争力的主要手段。

2. 国际贸易协定促使发展中国家接轨国际质量标准

在当今全球化的进程中,发达国家质量标准制定开展的较早。发达国家的跨国公司为了提高自身在行业中的影响力,往往通过严格的质量标准来实现对行业的垄断和控制。而发展中国家在双边贸易中由于生产水平落后往往处于被动地位。随着发展中国家经济水平的提高,各国对出口产品质量标准化的意识也不断增强,国际贸易协定给予了发展中国家一个提高标准化水平的平台,使发展中国家可以通过引进国外先进标准来推动产品质量的提升。

随着全球化的不断深入,非洲大陆的经济已经得到了显著的发展,同时不少发达经济体如美国、欧盟,甚至中国都给予了非洲国家关税优惠。因此,在非洲国家未来的贸易协定谈判中,关于 TBT 内容的讨论将会更加重要,这些 RTA 也将更加关注质量标准。

总的来说，国际贸易协定中的 TBT 条款推动了各国的质量标准向国际标准靠拢，同时推动经济较为落后的发展中国家完善质量相关的技术法规，使其逐渐与国际惯例接轨。

四、国际贸易协定与认证认可

1. 国际贸易协定优化了质量管理体系

产品质量认证认可制度，是指通过第三方（非卖方和买方）对有关产品质量与有关工厂的生产水平进行公证检验，借助合格证书和合格标志，确认和证明该企业能够生产符合标准规定产品的一种方法或制度。在当前的国际贸易中，许多国家基于本国的技术法规标准和实施情况，建立了不同的质量管理体系。国际贸易协定则给予了不同国家、不同行业间进行质量管理合作的机会，从而构建更大范围的质量管理体系，在促进多边贸易的同时通过认证认可制度提高了产品质量。

在 WTO 规范认证制度的后几年，各国为保护本国利益，都以立法的形式将认证认可要求明确写入法律条文中，实行强制认证制度。如美国实施了多达 55 项的认证制度，日本实施了包含 25 项的认证制度，而其他一些国家实行的认证制度一般有 30～50 项。

随着全球化的兴起，国家间的区域合作更加密切，在签订自由贸易协定时也形成了新的认证认可制度。如智利、阿根廷等五国形成了南美自由贸易计划；亚太地区经合组织的合格评定计划等。这些组织纷纷以区域为界，对进口产品提出了认证要求，建立了自身的质量管理体系，因地而异，在提高本国产品质量的同时也保护了本国利益。

2. 国际贸易协定推动了第三方认证机构的发展

认证机构是指经过国务院认证认可的监督管理部门批准成立，需要有法人资格，具备某种资质，在批准的范围内从事某种活动的机构[1]。

随着我国签署的 FTA 数量不断增加，国家间认证认可制度的协调将会是一个不可避免的问题，认证机构在其中扮演着重要的角色。当前国际上已有

---

[1] 资料来源于中华人民共和国认证认可条例（http://gkml.samr.gov.cn/nsjg/rzjcs/201902/t20190215_282266.html）。

许多成熟的第三方认证机构，如英国国家认证机构 NACCB、美国质量协会 ASQC 以及美国标准协会 ANSI 等。而中国的认证机构近几年来虽然取得了一定发展，但是由于相比其他国家发展时间较短，总体上对认证机构专业化发展的认识度不够，从业人员水平也不均匀，制约了我国质量认证的发展。

总的来说，国际贸易协定给我国提供了一个很好的机会。一方面，贸易协定的签署有助于促进与国外认证机构的交流，学习相关认证认可经验，并基于本国国情设计出一套符合国际标准的认证认可制度；另一方面，通过签署贸易协定也能更好地推介我国的认证机构。中国作为贸易大国，已经成为全球价值链不可或缺的一部分，通过贸易协定来提高中国认证机构影响力，并接受国际组织的考验，进一步提高我国认证认可机构的国际话语权。

3. 国际贸易协定降低了合格评定程序成本

合格评定源于认证，是认证概念的发展与扩大，指以第三方的认证活动为基础，辅以第一方的自我声明和对认证、检验、检查机构的认可活动。合格评定程序评定的不仅是与标准的符合性，更重要的是与技术法规的符合性。

各个国家合格评定程序运作状况不同，其具体内容也不同。如泰国在合格评定程序运作体制上分为三种类型，分别是产品认证制度、质量体系认证制度和认可制度；菲律宾只认可第三方认证的结果，对第一方和第二方认证的结果暂不鼓励承认；美国在许多商品上采用进口前注册、认证、符合性评估与进口后检验监督相结合的合格评定手段。

合格评定程序本身并不是贸易壁垒，但这种程序的规范性要求却提高了产品的附加成本。国家间进行的双边及多边合格评定互认协议谈判则对不同国家不同的合格评定程序进行了统一和协调，从而降低了这类合格评定程序的成本。以中国为例，中国自 2008 年以来利用 FTA 协定签署和实施之机，选择特定领域与贸易伙伴政府部门积极开展合格评定互认合作，与智利签署的 FTA，启动与智利合格评定体系的信息交流制度，并且继续积极参与同澳大利亚、东盟、冰岛等国家 FTA 中合格评定程序的谈判[1]。随着签署贸易协定的国家不断增加，中国出口产品在合格评定程序方面的成本也会不断下降，在保证经济效益的同时促进产品质量发展。

---

[1] 资料来源于中国认证认可协会。

五、国际贸易协定与环境质量

1. 国际贸易协定通过设计多样化条款提高了环境质量

随着全球经济不确定性因素的增加,国际双边或区域FTA越来越多地嵌入了环境条款,如何实现贸易政策与环境政策的融合成为各国关注的焦点。长期以来,环境政策与贸易政策的融合在WTO层面上进展缓慢,但自2015年以来,在可持续发展原则的指引下,环境议题越来越多地出现在多边贸易体系的议程中,并日益渗透到地区和双边FTA层面。

进入21世纪,全球范围内的双边或多边贸易协定的数量飞速增长,这些协议中对环境条款的规范程度越来越高,有些甚至远超WTO相应条款。美国早在1994年就率先在FTA中嵌入环境条款,在美国安排下,《北美自由贸易协定》(NAFTA)就以附属协议《北美环境合作协定》(NAAEC)的形式首次大篇幅涉及环境问题,开创了FTA嵌入环境条款的先河。但随着区域经济一体化的发展,近年来欧盟成为环境议题上强有力的倡议者和践行者,主导了1989年的《巴塞尔公约》、1997年的《京都议定书》等,并将其体现在签署的FTA中。发达国家在国际贸易协定中纳入环境条款,既有主导国际环境事务的战略考量,也有强化国内产业优势和经济利益的考量。在利益的驱使下,发达国家对贸易协定中环境质量的相关条款将会更加严格,更加关注贸易带来的环境外部性影响。

2. 国际贸易协定帮助发展中国家更好地避免绿色贸易壁垒

20世纪90年代初,随着全球生态环境恶化,环境与贸易的矛盾变得更加激烈。作为非关税贸易壁垒的一种,绿色贸易壁垒应运而生。各个国家纷纷以维护人类自身发展和保护环境为目的,采取一系列措施限制有关国际贸易活动,从而避免这些贸易活动可能导致的环境污染和生态破坏。而绿色贸易壁垒对西方发达国家和发展中国家贸易发展的影响是极不平衡的,这极大地影响了发展中国家的出口贸易。

总的来说,国际贸易协定给发达国家和发展中国家以及发展中国家之间提供了协调谈判机制。发展中国家通过强调贸易协定中环境质量条款设计来积极地参与国际贸易与环境事务。如协商加入各种环境公约,协定统一的国际环境标准等,拒绝接受超过自身承受能力的环境条款,充分利用WTO给予发展中国家的优惠待遇和贸易争端解决机制，保护自身合法利益的同时提高环境质量。

六、国际贸易协定与知识产权质量

1. 国际贸易协定促进了知识产权保护制度的完善

知识产权不是一种自然权利，而是一种法定权利。由于法定权利来自一国法律的规定，因而知识产权具有严格的属地性特点。不同的国家对知识产权保护的法律规定不同，在一国之内予以承认和保护的知识产权，在他国并不当然地受到承认和保护。而国际贸易协定则能够加强国家间的知识产权合作，建立国际战略合作的软约束机制。通过这一对话机制，各个国家可以展示各自方案，发出各自声音，从而寻找出各国都能接受的最大公约数的法律制度。比如我国与"一带一路"沿线国家和地区所签署的《加强"一带一路"国家知识产权领域合作的共同倡议》就为国家间知识产权合作做出了不小的贡献。有了这些积极主动的多边参与，就可以推动知识产权国际治理体系变革，破立、完善传统的知识产权国际规则，使之朝着普惠、包容、平衡的方向发展。促进和发展与知识产权相关联的当代国际贸易、投资、服务，促进世界经济的繁荣与增长。

此外，多边条约、区域性条约可以更大范围地对知识产权提供国际保护，双边条约则可以更加快捷地提供知识产权国际保护。通过统一的自由贸易协定体制对知识产权进行保护，知识产权制度的改善也可以因其符合贸易、服务的实际需求而更容易被接受。

2."巨型"国际贸易协定有利于国际知识产权规则的统一

截至2019年1月，在WTO备案的309个已生效RAT中，有209个含有知识产权条款，近年来签署的各类RAT几乎全部包含知识产权规则。FTA的大量增长加剧了知识产权规则演进的复杂性。FTA知识产权规则没有统一的立法模式与内容，缔约主体、缔约目的和协定性质的差异导致其知识产权规则的差异。从而难以有效实现国际知识产权规则的体系化重构，各国实施FTA下差异化知识产权规则成本的增加以及由此产生的经贸摩擦和争端等问题必然会影响知识产权质量。

基于此，褚童（2019）提出了巨型自由贸易协定（Mega-FTA）概念。Mega-FTA 是指在地缘上具有广泛性、规则具有先进性和示范性，对全球规则制定和运行产生一定影响的 FTA，像跨《太平洋伙伴关系协定》（TPP）、《全面与进步跨太平洋伙伴关系协定》（CPTPP）、《美墨加协定》（USMCA）、《区域全面经济伙伴关系协定》（RCEP）等都可归为 Mega-FTA。在对 Mega-FTA 的超 TRIPS 内容进行了梳理后，褚童指出，Mega-FTA 借鉴 TRIPS 协定采取 WIPO 知识产权国际公约"递增"模式，规定缔约方加入其他知识产权国际条约为缔约资格或缔约要求，并在部分知识产权规则中并入其他知识产权国际条约的实体内容的基础上制定新的规则内容。

总的来说，由于涉及经济体数量多或经济总量大，Mega-FTA 不但能对世界经济贸易产生深远影响，更有可能在全球贸易格局和制度安排重构中发挥重要作用。Mega-FTA 可以吸收已有国际知识产权条约框架中的实体内容，并在此基础上进行规则发展与创新，同时扩大保护范围、提高保护强度的立法模式，在整合知识产权国际规则的基础上，提出更高标准或更契合缔约方要求的新制度与新内容。

第四章 贸易冲突中的质量问题及损失测度

一、案例研究方法

案例研究最初集中于案例研究的本质。案例研究方法的奠基人罗伯特·K.殷（Robert K.Yin）（2004）从案例研究的本质出发，认为案例研究作为一种研究思路包含了各种方法，涵盖了设计逻辑、资料收集技术，以及具体的资料分析手段。案例研究既不是资料收集技术，又不仅限于设计研究方案本身，而是一种完整的、综合性的研究思路；潘苏东等（2002）认为案例的内涵是一种经验性的、质化的研究；付真真（2010）则认为案例研究的本质是最终能从定性研究角度对理论论证及构建进行全面客观的评价与总结；张杨波等（2011）则突破了原本案例研究的内涵，认为其结合了定量研究和定性研究的长处，不能轻易认为案例研究是定性研究，它既可以是定性研究也可以是定量研究，还可以是定性定量研究相结合；王宁（2002）依据应国瑞的观点总结出案例研究方法的本质不是统计性的扩大化推理，而是分析性的扩大化推理。

随着案例研究本质的逐步深入，一些学者开始关注案例研究与其他研究方法的结合。Elmer（1939）将案例研究拓展到其与实证研究法的关系上，认为："统计方法能够指出某些事件重复存在着，这些事件可能是需要的，也可能是不需要的，而案例方法一方面能够引起我们对问题的注意，然后运用统计方法进行研究；另一方面，在运用统计方法之后，案例方法也可以对一个特殊现象进行综合研究。"孙海法等（2004）则将案例研究的分类与哲学基础的成分相结合，从案例分析的基本方法论上对案例研究进行归纳，指出其主要包括规范性案例研究和实证性案例研究。

案例研究主要解决"是什么""为什么""怎么样"等问题，适合于对探索性问题的研究。相比于单案例研究，多案例研究展示的背景更为全面、过程更为具体、结论也更为准确。因此本文采用多案例研究的方法探究贸易中产品质量对相关企业、消费者的影响。

二、汽车行业质量损失案例研究

由于案例研究的目的是归纳理论,而不是计算频率,因此案例研究样本的选择不需要遵循抽样法则,只需案例本身具有足够的特殊性和典型性。本报告选取汽车行业和食品行业具有代表性的质量损失案例来说明质量与贸易损失的关系。

1. 高田公司安全气囊事件的质量损失

事件经过:早在2000年高田公司就发现安全气囊产品存在严重的问题,在内部测试时发现安全气囊没有正常工作,并且部分安全气囊在测试中发生爆炸,高田公司出于利益考虑选择了隐瞒最终将样品以及数据记录销毁,伪造了一份安全的数据,并继续生产安全气囊。2004年到2009年发生了几起由于安全气囊致死或者致伤的事件。其间虽有召回,但直到2015年5月,高田公司才首次公开承认其安全气囊存在缺陷,并宣布将区域性召回扩大为全国召回,召回的汽车总数高达3 380万辆,需要召回车辆的车企包括宝马、菲亚特克莱斯勒、戴姆勒、福特、通用、本田、马自达、三菱、日产、斯巴鲁和丰田,这个数据一举刷新了美国的召回汽车纪录,成为全美最大规模的召回事件。

质量损失:与高田公司合作的汽车品牌商对其提出巨额赔偿要求;高田公司对在美国销售问题气囊存在欺诈行为表示认罪,同意支付10亿美元刑事罚金;2017年8月公司股价下跌逾60%;消费者认为该品牌已成为安全隐患的代名词。

事件结果:涉及召回车型太多,高田公司债台高筑,于2017年6月申请破产。

2. 上汽通用汽车控制臂衬套事件的质量损失

事件经过:2018年9月29日,国家市场监督管理总局发布召回信息,决定召回上汽通用别克、雪佛兰及凯迪拉克品牌车辆共计332.7万辆,召回原因是车辆配备的前悬架下控制臂衬套在受到较大外力冲击时,可能发生变形或脱出,极端情况下可能导致车辆失控,存在安全隐患。汽车分析师任万付向《国际金融报》记者表示:"300(多)万辆的召回事件在国内还是首次,在国际上也不多见,应该是近年除了高田气囊召回和大众排放造假以外,最大规模的召回事件。"

质量损失：上汽集团承担的损失为5亿~8.5亿元；受此影响，10月8日，上汽集团股票早盘低开低走，并两次封住跌停，最终收盘于每股30.01元，跌幅达9.83%，创其近3年来的最大单日跌幅，一天内市值缩水382亿元；被动召回，公司被打上了逃避责任和不诚信的标签。

事件结果：此次召回对上汽集团本年度经营业绩影响程度为1.5%~2.5%。

3. 特斯拉 Model S 召回事件的质量损失

事件经过：2018年3月29日，特斯拉宣布，将在全球范围内召回Model S，数量高达12.3万辆，是特斯拉历史上最大规模的一次召回。自此特斯拉陷入了各种负面甚至是破产传言中。

12.3万辆 Model S 被召回的原因是动力转向问题，特斯拉表示，在寒冷气候下，如果路面被撒盐，那么可能会导致动力转向螺栓过度腐蚀，虽然这种情况下司机仍然可以驾驶汽车，但是因为辅助动力减少，所以可能需要更大的力量调整方向盘。

质量损失：免费更换所有早期Model S型号的动力转向螺栓成本极高，当特斯拉宣布召回 Model S 的消息传出后，股价再度下挫，盘后下跌近3%。

事件结果：财务问题加重，公司亏损。

4. 丰田汽车混合动力系统事件的质量损失

事件经过：2018年10月，丰田汽车因为混合动力系统存在严重的问题而被召回。这次召回的车辆多达240万辆，这也让丰田汽车厂家遭受了严重的损失，本次主要召回的车型为普锐斯（Prius）和Auris两款，生产时间为2008年10月到2014年11月。召回的车辆涉及125万辆在日本出售的汽车、83万辆在北美以及29万辆在欧洲出售的汽车。丰田汽车在中国、非洲、大洋洲和其他地区卖出的汽车也受到影响。这也是丰田汽车厂家第二次大规模的召回。

质量损失：免费对存在安全隐患的车辆进行系统升级；在纽约股市纳斯达克10月5日的交易中，丰田汽车股价收盘时小幅下跌0.68%；让消费者担心公司混合动力技术的可靠性。

事件结果：汽油混合动力汽车销售受到影响。

5. 菲亚特克莱斯勒汽车导航系统缺陷事件的质量损失

事件经过：2018年5月，菲亚特克莱斯勒汽车宣布，因为导航系统存在缺陷，将在美国召回480万辆汽车。根据报道，这些车辆的车主可能面临自动巡航模式无法解除的状况，可能在驾驶过程中发生意外。本次召回涉及Jeep、道奇、克莱斯勒、公羊等共计15款车型。除了在美国的480万辆汽车，菲亚特克莱斯勒还将召回在加拿大的49万辆汽车，以及世界其他地区的未知数目的车辆。

质量损失：缺陷汽车软件修复；当日菲亚特克莱斯勒在美国股市上市股票股价盘初下挫2.92%，报21.61美元；在汽车品牌可靠性和车主满意度榜单中排名较后。

事件结果：2018年菲亚特克莱斯勒销售惨淡。

6. 马自达阀门弹簧设计瑕疵问题事件的质量损失

事件经过：2018年11月8日，马自达发表声明称，计划将在全球范围内召回约64万辆故障汽车，所需修理的故障包括柴油引擎当中使用的阀门弹簧。

马自达表示，在日本地区召回的故障汽车总数约为23万辆，而海外其他地区总计将召回约41万辆，其中包括美国，但马自达在美国并没有出售柴油车。

质量损失：阀门弹簧导致的车辆召回成本将高达550亿日元（约4.838亿美元）；打击消费者信心。

事件结果：马自达当年财报显示第二季度亏损22亿日元（1 940万美元）。

7. 三菱汽车油耗造假事件的质量损失

事件经过：2016年4月20日，日本三菱汽车公司社长相川哲郎在东京召开新闻发布会承认，该公司有四款微型汽车在燃油经济性测试中存在违规操作，排放水平造假，共涉及62.5万辆汽车，四款车型，包括eK Wagon和eK Space，以及与日产汽车合作开发的DAYZ和DAYZ ROOX。三菱汽车表示，将停止生产和销售这些汽车，并已成立独立委员会调查这一问题。存在违规的汽车在接受正规测试时油耗会增加5%～10%。

质量损失：三菱汽车补偿费用总额预计约650亿日元；一经爆出，三菱汽车股价崩盘。从4月20日14:00到15:00，一个小时内，三菱汽车在东京证券市场股价暴跌约15%，是其十多年来最大跌幅。4月20日，按照三菱9.834 4亿股发行总量，市值缩水约7 210亿日元，约合66亿美元；本来品牌的信誉就不高，这下对用户的伤害又加深了。

事件结果：涉及召回财务危机，日产投2 000多亿日元获得三菱汽车30%以上股份，赶超三菱重工成为第一大股东。

8. 戴姆勒缺陷气囊事件的质量损失

事件经过：2016年，戴姆勒表示将在美国召回84万多辆配备高田气囊的汽车。这些汽车的安全气囊气体发生器可能存在缺陷。戴姆勒可能因此被罚款3.84亿美元。据悉，戴姆勒将召回70.5万辆奔驰汽车以及13.6万辆戴姆勒厢式车。但戴姆勒并没有公布具体召回的车型。

质量损失：预计将产生3.4亿欧元的花费；可能因此被罚款3.84亿美元；2016年6月股票跌幅达21.99%；丧失消费者的信任。

事件结果：此次召回影响了2015财年的财务数据，全年净利润因此下滑至87亿欧元。

9. 上海大众减配事件的质量损失

事件经过：2007年7月，明锐成功在上汽大众工厂下线并上市。2011年，明锐不负众望，月均销量突破万辆，成为斯柯达名副其实的"台柱子"。没有一款车型能够在减配之路上，获得市场认可。斯柯达却不相信，2015款明锐就是证明。随着汽车市场发展，车辆配置更加多样，厂商普遍奉行的政策是"增配不加价"，而斯柯达明锐却"逆其道而行"，这样的做法，显然不被消费者认可。斯柯达2007款搭载的1.8TSI涡轮增压发动机，是其技术支撑，而2015款明锐迫于成本压力，舍弃了该发动机。实际上，1.8T发动机让明锐在动力方面领先竞争车型，也是上汽大众生产的综合实力最好的发动机，是明锐的销量主力车型，取消搭载该发动机，消费者普遍觉得可惜。对消费者而言，在遇到颠簸路面时，乘坐舒适性会大打折扣。明锐的减配，不仅在看得见的地方，还在看不见的地方。随着消费者用车时间加长，这些看不见的地方，用户投诉逐渐增多。针对2015款明锐车身附件及电器的投诉高达1 712条，主要投诉车内异味，而车内异味的直接原因，就是明锐用料标准下降，这对消费者来说，是极不负责的。起步、动力糟糕等投诉也成功跻身用户最不满意问题榜单，这同样也因为明锐舍弃了1.8T发动机。通过汽车之家用户口碑发现，起步糟糕、动力糟糕用户评价数量达800余条，可见消费者对其动力极不满意。

质量损失：明锐曾经月销过万辆，然而，2019年1—2月，累计销量不足1万，同比下滑52%；减配导致质量问题频发，消费者不满意度升高。

事件结果：明锐几近夭折；野帝作为斯柯达入华首款SUV车型，于2018年停产停售。

10. 大众汽车排放门事件的质量损失

事件经过：2015年9月18日，美国环境保护署指控大众汽车所售部分柴油车安装了专门应对尾气排放检测的软件，可以识别汽车是否处于被检测状态，在车检时秘密启动，从而使汽车能够在车检时以"高环保标准"过关，而在平时行驶时，这些汽车却大量排放污染物，最大可达美国法定标准的40倍。

质量损失：大众汽车因"排放门"丑闻总计已付出了282亿欧元（约合327亿美元）的代价，包括各种罚款及其他处罚、支付给当局的款项，以及赔偿和改装车辆的费用；根据美国《清洁空气法》，每辆违规排放的汽车可能被处以最高3.75万美元的罚款，总额高达180亿美元。德国布伦瑞克检方对大众汽车开出了10亿欧元的罚款；法兰克福股市盘中，大众汽车股价一度下跌超过20%，最终收于132.2欧元，跌幅为18.6%，单日市值蒸发超过150亿欧元。次日，股价再次暴跌20%左右，触及4年来的低点；在全球范围内的声誉遭受严重破坏。

事件结果：上任不到一个月的CEO下台、赔付美国、辉腾玻璃工厂关闭、多项新车计划被削减。

11. 丰田汽车转向装置事件的质量损失

事件经过：2019年，丰田汽车称将在全球召回639万辆汽车，修复转向装置及座椅等问题。丰田汽车声明称，此次召回的车型包括2005年1月到2010年8月生产的Yaris及Urban Cruiser SUV，以及2004年6月到2010年12月生产的RAV4 SUVs及Hilux。丰田汽车表示，受影响的汽车中有82.5万辆在欧洲，但不确定这些问题是否造成了意外，而且不确定这些瑕疵是出于设计问题还是出于生产问题。

质量损失：丰田汽车未透露召回成本，但此次召回规模在丰田发展史上居第二；消费者对该品牌下所有产品都失去信心，拉低了整个品牌的影响力。

事件结果：虽然暂未影响到丰田汽车目前的盈利状况，但却严重损害了购买丰田产品的消费者的利益。

12. 通用汽车前灯及可能导致刹车距离增加的故障事件的质量损失

事件经过：2014年，通用汽车（General Motors）再次从美国市场召回270万辆汽车，令该公司当年从全球市场召回的汽车总数达到1 280万辆。此举再次表明通用汽车正努力改革其生产流程。这批召回的汽车主要是244万辆2003年到2012年间生产的雪佛兰迈锐宝（Chevrolet Malibu），因为它们的刹车灯可能存在接线故障。其余被召回的汽车，则是因为前灯以及一个可能导致汽车刹车距离增加的故障。

质量损失：第二季度用于召回的费用高达2亿美元；召回消息公布，通用汽车股价在收盘时下跌1.7%，跌至每股34.36美元；需重建消费者对通用汽车的信心。

事件结果：企业面临召回危机。

13. 大众汽车DSG召回事件的质量损失

事件经过：2013年3月15日，央视"3·15"晚会曝光大众汽车DSG变速器存在安全隐患。3月16日，国家质检总局发布公告，要求大众汽车针对DSG变速器动力中断故障实施召回。3月16日下午，大众汽车中国公司在其官方微博称，"大众汽车将实施主动召回以解决DSG问题"。3月20日大众汽车向国家质检总局备案了召回计划，决定自2013年4月2日起，召回部分存在缺陷的汽车。

质量损失：有未经大众汽车官方证实的德媒消息称，DSG风波致使大众汽车至少损失30亿元人民币；消费者认为企业缺乏责任感。

事件结果：对大众汽车在国内的销量产生重要影响，也给竞争对手提供了赶超大众的机会。

14. 丰田汽车引擎和阀门问题导致的漏油事件的质量损失

事件经过：日本最大汽车制造商丰田公司于2011年1月26日宣布将在全球召回170万辆汽车，其中，在日本国内将召回128万辆。丰田公司称，本次召回的原因是这些汽车的引擎和阀门可能导致漏油,目前还没有因上述缺陷造成的事故报告。

质量损失：丰田公司将因本次召回事件耗资200亿日元(合2.4亿美元);召回的消息曝出后,丰田汽车股价下跌1.7%;给该公司的声誉造成了非常大的负面影响。

事件结果：负面影响至今未消除。

15. 丰田汽车油门踏板事件的质量损失

事件经过：丰田公司于2010年1月21日宣布召回大约230万辆在美国市场出售的8款汽车,26日宣布暂停在美销售这些车型,临时关闭北美地区6个汽车制造厂部分生产线。2010年2月2日,丰田公司又宣布从中东、非洲和拉美地区市场召回油门踏板存在安全隐患的车辆。丰田公司一名女发言人说,这些受召回汽车进口自美国,约18万辆。她补充说,公司眼下考虑的是强制召回还是由客户自主决定。丰田公司解释,在美国、欧洲等地出现油门踏板因冷凝导致失灵的状况在上述气候炎热地区发生的概率较低。由于部分油门踏板踩下后不能返回原位或回位缓慢,丰田公司自1月21日起接连宣布召回汽车。由于油门踏板、驾驶座脚垫、刹车等部件的质量问题,丰田公司已在全球范围内召回车辆近1 000万辆。2010年3月1日,丰田公司总裁向中国消费者道歉,并提出了三点改善问题的措施。

质量损失：零配件专家估计每辆被召回的汽车的维修费用为25美元至30美元,不包括人工成本。停售带来的损失;被美国罚款12亿美元;东京股市,丰田汽车股价2月3日重挫5.69%,盘中跌至3 400日元,为其近3个月的股价最低点。该公司美国股价1月底至2月初连跌5日,一周内累计下跌15%,市值蒸发250亿美元;损害了丰田汽车"安全、可靠"的形象,给丰田汽车带来的长期的信用和品牌声誉的影响是最大的损失。

事件结果：暂停在美销售相关车型,临时关闭北美地区6个汽车制造厂部分生产线。

16. 三菱汽车刹车门事件的质量损失

事件经过：2000年9月以来,宁夏、云南等地区相继发生日本三菱帕杰罗V31、V33越野车在正常行驶中制动突然失效的事故。经出入境检验检疫机构检验认定，上述两种车型系设计不当，固定在后车轴上的制动油管和固定在车身上的制动感载阀在行驶中碰撞和磨擦，导致制动油管磨损穿孔、制动液外漏造成制动失效。国家质检总局2001年2月决定禁止进口三菱帕杰罗V31、V33越野车。2002年10月16日，在日本山口县，一辆行驶的三菱重型卡车因传动轴突然脱落而失去控制，猛烈地撞到收费处的建筑物上，导致卡车司机死亡。这起严重的交通事故引起了日本国民对三菱汽车公司质量问题的关注。经调查，事故发生的主要原因是三菱汽车卡车离合器存在严重质量问题。据统计从1992年至2004年3月因日本三菱汽车的质量问题引发了393起交通事故。事故发生原因是卡车离合器外壳龟裂、破损，使驱动轴脱落，制动管线损坏，造成制动系统失灵。

质量损失： 三菱公司宣布召回16.8万辆存在离合器设计缺陷的三菱重型卡车，进行免费修理；影响了顾客的购买意愿，导致销量减少，企业利润大幅度下降。2004年5月三菱汽车在日本国内的销售量比上年同期锐减62.9%，该月三菱各类汽车的国内总销售量也比上年同期下降了38.8%，降至该公司1970年创立以来之最低水平，三菱汽车8月份的新车销售量（不含轻型车）只有2 946辆，比上年同期减少了56.8%，已连续9个月低于上年同期水平，减少率连续4个月超过50%。

事件结果： 三菱汽车的经营举步维艰，2004年三菱汽车的亏损更是高达1 791亿日元；2005财年财报显示，三菱汽车公司经营情况有所好转，但亏损额也高达177亿日元；2006年才走出严重亏损泥潭，实现微微盈利。

17. 通用汽车刮水器系统起火隐患事件的质量损失

事件经过： 继丰田汽车全球大规模召回之后，汽车巨头的大规模召回风暴愈演愈烈。2010年6月8日，美国汽车巨头通用汽车公司在其网站宣布，因刮水器系统存在起火隐患，公司在全球范围内召回150万辆汽车。通用汽车方面承诺，公司对被召回车型的车主每辆补偿100美元，并拆除车上原有的刮水器系统。以此计算，通用汽车在此次召回中至少需要花费超过1.5亿美元的补偿金。通用汽车此次召回的车型为2007年至2009年生产的小汽车、卡车和运动车。

质量损失： 通用汽车将支付高达1.5亿美元，实际修理产生的费用，预计第一次召回的支出为2 000万~2 500万美元；尚难修复因延迟召回事件受损的声誉。

事件结果：召回部件停产。

18. 福特汽车油箱爆炸事件的质量损失

事件经过：Ford Pinto 是福特汽车20世纪70年代生产的一种耗油量低且小巧的车，因售价仅为2 000美元，而大受市场欢迎。1978年8月10日，一辆福特 Ford Pinto 在印第安纳州公路上，由于车尾被撞，导致油箱爆炸，车上的三个少女当场死亡。这款车在问世7年中发生了近50场有关车尾爆炸的事件，设计师与管理者意识到油箱设计有安全隐患，于是他们做了一个 Cost-Benefit Analysis（会计成本效益分析），来决定是否值得加装一个特殊的保护装置来保护油箱，防止它爆炸。

质量损失：不安装必要的安全装置的决定，使福特公司节省了将近1亿美元。在诉讼中，原告律师正是基于这一证据和计算提出了1亿美元的赔偿请求，而陪审团认为这一数额的赔偿不足以惩罚福特汽车公司无视消费者生命安全的行为，要求再加上2 500万美元，后面的这一数额才是真正具有了罚款的性质；福特汽车的声誉到了无法挽回的地步。

事件结果：Ford Pinto 于1981年永远地退出了市场。

三、汽车行业案例小结

与其他行业相比，汽车行业的质量损失案例比较普遍，且质量问题主要集中在汽车部件方面。面对质量问题，相关汽车企业面临的损失主要包括两方面，一方面是无法避免的召回质量缺陷汽车的直接损失，通常由召回汽车数量及为消费者更换、维修问题产品产生的费用组成；另一方面是发生在直接损失之外的损失，该部分通常包括政府罚款以及品牌形象损失（可通过汽车日后销量来表示，也可通过股价波动来表示）。而产生质量问题的汽车企业普遍面临市场份额下降、利润下降等损失，少数汽车企业会因质量问题倒闭。

四、食品行业的质量损失案例

1. 美国美赞臣公司奶粉细菌感染事件的质量损失

事件经过：有消息称，美国美赞臣公司（以下简称"美赞臣"）的一种奶粉可能与一名婴儿的死亡存在关联。

2012年美联社的报道指出，零售巨头沃尔玛已采取预防性措施，从全美逾3 000家超市撤出了一批美赞臣婴儿奶粉。此前，密苏里州一名新生儿在食用这种奶粉后疑似受到罕见的细菌感染身亡。目前尚无法确定婴儿死亡是否与美赞臣奶粉直接有关。美国政府尚没有下令美赞臣召回，但密苏里州的健保部门正在对此事进行调查。美赞臣方面称，受到怀疑的奶粉批次在出货前进行了检测，没有发现任何有害的细菌。

质量损失：下架该产品，以及消费者退货或换购其他产品导致的损失；次日，美赞臣（MJN）的股票一度重跌12.4%，目前跌幅维持在10%左右，沦为标普500指数成分股迄今的最大输家；品牌产生消费者信任危机。

事件结果：2012年10月25日，美赞臣（NYSE：MJN）公布的三季度财报显示，由于中国区市场销售状况不佳使得总收入不及预期，导致全球净利润下降3%。

2. 日本朝日奶粉氮气不足事件的质量损失

事件经过：日本朝日食品集团和江崎固力果公司于2018年3月6日宣布，将自主召回两公司销售的共计56 158个便携装婴儿奶粉。固力果奶粉又是一个牺牲品。本次召回原因是加入商品袋中的防止氧化的氮气量不足，从而在保质期内不能保证质量。据悉，这些奶粉即便是婴儿饮用也不会影响健康。根据所公布的资料，这批问题奶粉是由一家位于栃木县的工厂生产。

质量损失：回收问题奶粉的费用，给予消费者商品相对金额的成本；让人觉得日本的奶粉质量没有一些人鼓吹的那样好，而且很容易出问题。

事件结果：使消费者对"日本制造"产生怀疑。

3. 兰特黎斯奶粉疑似感染沙门氏菌事件的质量损失

事件经过：2017年，法国乳业巨头兰特黎斯集团旗下奶粉疑似含有致病菌一事愈演愈烈。法国当地时间12月10日，全球乳企排名第三的兰特黎斯集团（Lactalis，又译作拉克塔利斯）和法国卫生当局联合宣布扩大此前"预防性召回"奶粉的范围到全球，首次波及中国大陆市场。召回范围为2017年2月15日以来在兰特黎斯集团Craon工厂里生产的婴幼儿营养品，而外媒则引述公司发言人透露，全球召回产品接近7 000吨。

质量损失：全部召回产品销毁处理费用，赔偿受害家庭费用；消费者会对法国的质量管理体系产生一定的怀疑。

事件结果：国家认证认可监督管理委员会暂停了该集团旗下涉事婴幼儿配方奶粉工厂在华的注册资格。法国涉事工厂停产。

4.欧洲毒鸡蛋事件的质量损失

事件经过：2017年7月20日，比利时通知欧盟，该国的食品安全监管部门发现鸡蛋中含杀虫剂成分，成为第一个向欧盟食品安全警戒系统通报毒鸡蛋事件的欧洲国家。之后，荷兰和德国也表示发现毒鸡蛋。不过，一直到8月1日，毒鸡蛋事件才曝光，并在荷兰、比利时和德国引发争端。比利时指责荷兰早在2016年11月就知道有鸡蛋受污染，却没有及时通知其他国家。对此，荷兰予以否认。2017年8月11日，欧盟委员会披露，持续发酵的欧洲毒鸡蛋事件影响欧洲多国，中国香港也受到波及。2017年8月26日，台湾农业主管部门发布新闻说，台湾44个蛋鸡场氟虫腈残留超标，逾100万颗鸡蛋被封存。2017年9月5日，已经有40个国家的鸡蛋被发现有杀虫剂氟虫腈残留，这些国家中有24个欧盟成员国。

质量损失：数以百万计的鸡蛋从超市下架；被称为欧洲毒鸡蛋。

事件结果：数十个家禽养殖场被关闭。

5.麦当劳"劣质肉"事件的质量损失

事件经过：2014年7月21日新加坡联合早报消息，麦当劳供应商上海福喜食品公司被曝用过期劣质鸡肉、牛肉，将大量过期半月的鸡皮、鸡胸肉等碾碎再加工。上海福喜食品有限公司隶属于美国OSI集团，后者是世界上最大的肉类及蔬菜加工集团，也是麦当劳、百胜集团等重要的合作伙伴之一。消息称，麦当劳首席执行官Don Thompson表示，他们被上海福喜食品公司的质检报告骗了。

质量损失：截至7月23日，麦当劳股价逆市下跌1.31%，两天来，麦当劳市值已经蒸发了26亿多美元；消费者的失望情绪逐步蔓延。

事件结果：因被曝使用过期肉，这一供应商已被关闭。

6.英国食品供应商产品含致癌"苏丹1"型染色剂事件的质量损失

事件经过：英国于2005年2月18日开始了一场该国历史上规模最大的食品召回行动，各大超市和商店紧急撤下350多个品牌的数百万件食品。英国食品标准局警告民众不要食用这些食品，因为其中含有一种可能致癌的染色剂。含有可能致癌染色剂的食品都涉及英国著名食品供应商"第一食品公司"。食品标准局警告说，这家公司生产的部分"伍斯特调料"中含有可能致癌的"苏丹1"型染色剂。多种食品受到警告，包括三明治、比萨饼、馅饼、汤包和调料等。英国众多食品生产销售商受到影响，包括麦当劳和即食等连锁快餐店，以及亨氏和伯爱屋等食品公司。所有受影响的超市和商店18日晚都表示，可疑食品已经全部撤下货架。英国食品标准局已经下令，要求销毁国内过去16个月生产的含有伍斯特调料的全部食品。除此之外，15个从英国进口伍斯特调料的国家也受到影响。美国、加拿大和多个欧洲国家的食品管理部门正对国内可能遭到污染的食品展开追踪调查。

质量损失：英国食品行业因此遭受的损失可能超过1 500万英镑；事件一出，全球哗然。

事件结果：英国食品标准署要求召回相关产品，下架该产品，否则追究法律责任。

五、食品行业案例小结

与汽车行业不同，食品行业的质量损失具有特殊性，相关企业在食品产生质量问题后大多采取的是下架问题食品，赔偿受害者损失等措施，由于食品质量好坏直接与人的健康挂钩，所以食品企业在产生质量问题后，对企业的发展产生的影响更大，很可能最终会导致企业倒闭。

六、结论

贸易中质量问题的出现，尤其是知名品牌质量问题的出现，会对企业的产品销量、股价、名誉等各个方面产生消极影响，最终导致企业市场份额减少，甚至倒闭。上述汽车行业及食品行业的相关案例，由于质量问题而导致的企业损失组成是大致相同的，包括召回问题产品所产生的以修复费用、赔偿、罚款表现的损失，品牌形象损失，股价变化等。

质量是国民经济发展以及对外贸易发展中一个重要因素，严把进口产品质量，避免因进口产品质量缺陷而使国内消费者的合法权益受到损害；严抓出口产品质量，以防止出现不合格产品，导致本国出口产品被召回、卡关、销毁，产生巨大的经济损失。

七、政策建议

1. 完善与质量有关的相关法律法规，加大对存在质量问题企业的处罚力度

从最初颁布的仅涉及汽车领域的《缺陷汽车产品召回管理条例》到食品领域的《中华人民共和国食品安全法》再到修订后的全领域的《中华人民共和国消费者权益保护法》，我国的产品召回领域在不断扩大，产品质量管理体系也愈加完善，但与美、法等国相比，我国缺陷产品召回制度仍不完善，并且对出现质量问题的国内外企业处罚力度较轻，这无形中降低了企业的违规成本，使得一些企业不顾消费者的生命安全，出售问题产品。

2. 政府政策性鼓励企业严格标准，确保质量

加强政府的引导和管理，制定行业"高标准"，争取从源头上减少问题产品流向市场，这不仅仅是对外企的警告，更是为了唤醒国内的相关企业责任意识，提高国内生产的产品质量和安全。

3. 企业自身要严格管控产品质量，提升企业核心竞争力

对相关生产企业来说，质量要求，问题产品召回必须要有刚性约束，不能单纯指望生产企业遵守道德公约，必须凸显政府的力量。特别是在信息不对称的情况下，在现实中一般消费者对有问题的消费品没有便利的送检渠道，且要自己承担检验和时间成本，相对于生产者，他们处于弱势地位，需要依赖政府的行政监督。召回作为政府的一种行政监管手段，对企业来说是一种硬约束，但对消费者而言，则是强有力的保护。

第五章　主要国际组织的国际经贸规则

第一节　国际商会的贸易规则

一、国际商会情况介绍

1. 国际商会概况

国际商会（The International Chamber of Commerce，ICC）是世界上最大、最具代表性的商业组织，涉及私营企业的各个部门[①]。国际商会现任主席是阿贾帕尔·班加（Ajaypal Banga），现任秘书长是约翰·奥（John AO）[②]。国际商会的主要活动有三项：规则制定、争端解决和政策倡导，其宗旨是使全球业务安全、和平、繁荣。由于协会本身及其成员公司大多从事国际商业活动，因此国际商会在制定管理跨境业务行为的规则方面拥有一定的权威。尽管这些规则是自愿的，但每天都有数千笔交易遵守，并已成为国际贸易的一部分。

国际商会是一个有100多个国家参与的，在国家和地区层面倡导商业优先事项的组织。来自成员公司的3 000多名专家利用他们的知识和经验解决具体商业问题。国际商会支持联合国、世界贸易组织和许多其他国际和地区政府间机构的工作，例如代表国际商业的G20（二十国集团）[③]。国际商会是第一个被联合国经济及社会理事会授予全面咨商地位并获得联合国观察员地位的组织[④]。

国际商会成立于1919年，旨在通过促进贸易和投资、开放商品和服务市场推动资本自由流动，为世界商业服务，其秘书处设在巴黎，其属下的国际

[①] Will Kenton. International Chamber Of Commerce（ICC）Definition[EB/OL]. http：//www.investopedia.com/terms/i/international-chamber-of-commerce-icc.asp.

[②] Dawn Chardonnal.ICC elects Mastercard CEO Ajay Banga as new Chair[EB/OL]. https：//iccwbo.org/media-wall/news-speeches/icc-elects-mastercard-ceo-ajay-banga-as-new-chair/.

[③] International Chamber Of Commerce. G20[EB/OL]. https：//iccwbo.org/global-issues-trends/global-governance/g20/.

[④] Andrew WILSON. ICC granted UN Observer Status[EB/OL]. https：//iccwbo.org/media-wall/news-speeches/un-general-assembly-grants-observer-status-international-chamber-commerce-historic-decision/.

仲裁法院成立于1923年。国际商会的第一任主席是20世纪法国财政部长埃蒂安·克莱门特尔。

2. 国际商会的会员机制和职责

加入国际商会有两种方式：加入国际商会国家委员会或团体；在该国家/地区尚未成立国家委员会/小组时，直接加入国际商会国际秘书处。国际商会将世界商业组织与世界各地的中小企业联系起来，提高中小企业在全球经济中的地位发挥着关键作用。国际商会成员将自动成为国际商会下属机构世界商会联合会的成员，该联合会是其世界各地商会成员的代言人[①]。

国际商会的成员包括地方、区域、国家、双边、跨国以及公法和私法的商会。集合了规模不一的部门和公司，包括许多世界上最大、最有影响力的公司以及众多较小的企业。通过加入国际商会，这些公司制定了促进国际贸易和投资的规则和政策，依靠国际商会的影响力，向各国政府和政府间组织传播商业观点。政府和政府间组织的决定又影响着全球企业的财务和运营。

国际商会制定相关政策，通过国家委员会提醒各国政府关注国际商业问题。在国际商会设有国家委员会或小组的国家的公司、银行、律师事务所、商会、个人、协会和其他组织必须通过国家委员会或小组加入国际商会，并自动成为国际和国家层面的国际商会成员。

3. 国际商会的发展历史

（1）商会的历史

商会有着400多年的历史，如今几乎遍布世界各地，是不受部门限制、不追求政治目标（即不参加选举或提名政治职位候选人）的多部门组织。作为商界的代言人，商会倡导商品经济以及有利于商业的立法，管理ATA单证册（ATA Carnet）的国际担保链，认可免税和免税临时进口货物的海关文件，签发原产地证书，管理国际联合连锁世界商会网络、商业机会推广服务、商会商业认证计划、商会专业和机构发展服务[②]。

[①] International Chamber Of Commerce. How to join ICC?[EB/OL]. http：//www.iccwbo.org/id19698/index.html.

[②] Léa Puteaux. World Chambers Congress （WCC）[EB/OL]. https：//iccwbo.org/chamber-services/world-chambers-federation/world-chambers-congress/.

(2)成立：20世纪初

20世纪初，几乎没有具有类似功能的国际机构来联系各国商会。在没有国家支持的情况下，通过私营部门填补这一空白是必要的。这是国际刑事法院"开国元勋"的主要原则。尽管当时他们可能还没有意识到这一点，但国际商会的创始人建立了一个将成为世界经济固有组成部分的组织。多年来，国际商会一直在国际贸易和商业中发挥着主导作用。今天，全球各国际商会的规则、机制和标准继续在世界商业组织的主持下建立，但环境远比1919年复杂。

随着时间的推移，一群有远见的企业家通过将国际商会拓展为拥有120多个国家数十万成员的平台，扩宽了国际商会的影响范围。国际商会的第一任主席为埃蒂安·克莱门特尔，当时许多国际商会的先驱同时担任法国政府内阁的部长。埃蒂安·克莱门特尔也是1923年国际商会国际仲裁法院的主要创始人。20世纪20年代，国际商会主要关注的是赔款和战争债务。20世纪30年代，第二次世界大战即将爆发之际，世界商业组织（World Business Organization）仍致力于克服全球经济衰退，遏制保护主义。

1933年，国际商会发布了第一版跟单信用证统一惯例，该惯例在世界各地银行开展的贸易融资活动中并未失去相关性。另一个开创性的项目是Incoterms（国际贸易术语），即每个贸易商都熟悉的国际贸易术语。在随后的几年里，国际商会制定了《国际广告行为准则》。

(3)发展："二战"后

1946年，国际商会被联合国授予最高咨商地位，这为在广泛问题上与联合国及其专门机构合作开辟了道路。多年来，国际商会一直是开放多边贸易体系的坚定倡导者。除此之外，还一直在阐述其对多哈回合谈判的支持。随着越来越多的发展中国家成为国际商会的成员，该组织提高了准入要求。即国际市场必须对其生产的产品，特别是农作物开放。为了满足成员国的要求，世界商业组织正在不断扩大其活动范围。1950年，在国际商会的倡议下成立了世界商会联合会（World Chambers Federation，WCF）。目前全世界有超过1.2万个贸易商会加入其中履行职能。该组织的另一个分支机构——国际商会商业犯罪服务机构（ICC Commercial Crime Service），由伦敦国际商会于1980年成立，旨在调查和处理各个领域的商业犯罪。

（4）21世纪

2004年，国际商会提出了一项新的重要的倡议：制止假冒和盗版的商业行动（Business Action to Stop Counterfeiting and Piracy，BASCAP），旨在协调商界的力量，积极抵制假冒和盗版产品。随着国际商会BASCAP倡议的进一步展开，许多重要的国际公司逐渐认可并加入其中。如苹果、香奈儿、惠普、拉科斯特、微软、NBC环球、雀巢、耐克、宝洁、壳牌国际、联合利华、环球音乐等。

到目前为止，国际商会的13个委员会集合了来自不同经济领域的专家。涉及从银行业务到税收，从竞争法到知识产权，从运输、环境和能源到国际投资和贸易政策等一系列问题，其主要的组织见表5-1。

表5-1 国际商会中的主要组织及其职能

名 称	主要职能
仲裁和替代争议解决委员会	仲裁和ADR
银行业委员会	银行业
商法与实践委员会	商法与实践
竞争委员会	商业竞争
公司责任和反腐败委员会	公司责任和反腐败
海关和贸易便利化委员会	海关和贸易便利化
数字经济委员会	数字经济
环境与能源委员会	环境与能源
知识产权委员会	知识产权
营销和广告委员会	营销和广告
税务委员会	税务
贸易和投资政策委员会	贸易和投资政策
经济政策	经济政策问题小组

4.国际商会的出版物

国际商会出版社是国际商会的出版部门，为企业提供三大类基本资源：国际商会规则和指南、实用评论、参考书。国际商会出版物的内容来源于国际商会委员会、机构和个人国际专家的工作总结。其的主要受众是国际律师、仲裁员、银行家、贸易商和学生。其内容涵盖国际银行、国际贸易参考和条款、法律和仲裁、伪造和欺诈以及商业合同范本等。最著名的出版物《跟单信用证统一惯例》(*Uniform Customs and Practice for Documentary Credits*)和《国际贸易术语解释通则》(*Incoterms*)已被翻译成30多种语言。国际商会不仅以传统的纸质形式提供出版物，还以电子形式在国际商会商店提供电子书，在数字经济时代发挥着重大作用[1]。

5. 国际商会的相关培训

国际商会的活动范围遍及世界各地，包括大型专题会议和针对小团体的培训课程。其中较小的培训课程分享了国际商会在商业仲裁和争端解决机制方面的专业知识，介绍了国际商会的贸易工具，包括国际贸易术语解释通则、跟单信用证统一惯例（UCP）和国际合同等[2]。国际商会学院（International Chamber of Commerce Academy）是国际商会的培训机构，提供在线认证和专业发展服务，以满足银行、企业和其他国际贸易前沿组织的教育需求，其专业课程、电子课程和认证主要由国际商会的专家和从业人员设计[3]。

二、世界贸易和国际规则

1. 世界贸易的发展

世界贸易伴随着全球化的进程不断推进。随着大航海时代的到来，贸易全球化已经成为全球经济发展的动力。一百多年前，全球的贸易、资本和人口流动的自由化程度已经不亚于1990年水平。全球治理体系的缺乏，以及帝国主义和殖民主义的盛行，使自由化成为那个时代世界贸易的主要特点。

两次世界大战的爆发，使得世界贸易自由化进程受阻。战后，联合国、国际货币基金组织、世界银行、关贸总协定等全球性经济组织机构的设立，加速了全球化的进程，促进了世界贸易自由化的可能性。关贸总协定的出现大大加快了世界贸易发展的进程，虽然削减了关税壁垒，但技术性壁垒随之出现。关贸总协定最初的成员国主要为发达国家，后来逐渐向发展中国家延

---

[1] International Chamber Of Commerce. ICC[EB/OL]. https://2go.iccwbo.org/explore-our-products.html.

[2] International Chamber Of Commerce. ICC Events[EB/OL]. https://web.archive.org/web/20090713220846/http://www.iccwbo.org/events/id8684/index.html.

[3] Edumartime. International Chamber of Commerce (ICC) Academy - Certifications in Int'l Trade & Finance[EB/OL]. https://www.edumaritime.net/icc-academy.

伸，加快了"南北合作"。

1995年，WTO的成立，对世界贸易的发展具有里程碑式的意义。同时，多种双边、多边贸易协定不断签订。区域经济一体化与经济全球化两大趋势齐头并进，各国的比较优势得到充分发挥，生产要素资源得到越来越合理的配置。

然而，世界贸易为各国带来经济增长活力的同时，也带来了一系列问题。首先，全球经济危机的影响力逐渐增加。比如1997年亚洲金融危机和2008—2009年全球经济危机。其次，美元霸权对全球的影响越发重大。由于美元是世界贸易的主要结算货币，近年来美国政府多次转嫁国内危机，将国内问题国际化，通过多次量化宽松政策，大量发行美元使得美元贬值，多国外汇资产受损。最后，世界贸易的兴起也对大型公共卫生危机事件的防控带来极大难度。比如2019年末的全球新冠病毒大流行。由于各国经济体系对世界贸易体系的依赖性，各国人员、货物和资本的流动不可避免地为疫情防控带来一定的难度。

2.近年来世界贸易的特点

近年来世界贸易出现中低速增长、区域化与集团化趋势增强、服务贸易发展迅速的特点[①]。世界贸易增速连续低于世界经济增速，对世界经济增长的拉动作用明显减弱[②]。主要原因是需求减少，信贷紧缩以及贸易保护主义加剧等。

（1）受疫情影响，贸易总量下降后有所回升

受新冠病毒大流行影响，2020年世界贸易总量大幅度下降，全球商品贸易额为17.6万亿美元，比2019年下降1.4万亿美元，下降约7.4%，其中"南北"两方出口额接近。能源贸易额下降33%，农业原材料出口下降6%，制成品出口下降4%，矿石、金属、宝石和非货币黄金出口增长6%，食品贸易增长近2%。2021年，部分国家逐渐放开疫情管制，全球贸易秩序部分恢复正常，贸易总额

[①] 李雅楠，王成新.经济全球化下世界贸易特点及我国应对策略[J].合作经济与科技，2017(11)：69-71.

[②] 高析.世界贸易情况及展望[J].中国国情国力，2017（06）：24-25.

有所上升，全年出口较2020年上升22.4%[①]。

但发展中国家与发达国家贸易不平衡连续四年持续加剧。2020年，发展中国家出口损失相对较小，表现为贸易顺差大幅增加，而贸易顺差在前三年已经持续增长。2018年至2020年，发展中经济体的贸易差额从4 210亿美元增至5 820亿美元。发达经济体的贸易逆差有所增加，从2018年的7 020亿美元增长到2020年的7 910亿美元[②]。

图5-1 贸易总额

（2）区域专业化模式趋势加强，发展中国家贸易逆差大

根据2020年的数据，北美和中美洲、欧洲以及南亚、东亚和东南亚的经济体主要的出口产品来自制造业。主要能源出口国位于南美洲北部海岸、非洲中部和北部以及西亚和中亚等。其他一些国家，例如马达加斯加、尼日尔、索马里、乌克兰和巴西，在2020年专门从事粮食生产。在非洲，2020年初级商品占商品出口的75%，其中能源占39%。亚洲和大洋洲发展中国家的出口对初级商品的依赖程度要低得多（21%）。在这三个发展中地区中，美洲的食品出口比例最高（25%）。世界贸易体系中，制造业产品的主要出口地是北美洲、欧洲、东亚和东南亚。非洲的出口产品中有3/4为初级产品。非洲进口的制造业产品总额是其出口额的三倍[③]。

---

① WTO. UNCTAD Handbook of Statistics 2021-International merchandise trade[R]. 日内瓦：The World Trade Organization，2021.

② WTO. UNCTAD Handbook of Statistics 2021-International merchandise trade[R]. 日内瓦：The World Trade Organization，2021.

③ WTO. UNCTAD Handbook of Statistics 2021-International merchandise trade[R]. 日内瓦：The World Trade Organization，2021.

（3）发达国家在服务贸易领域处于领先地位

2020年，全球服务业贸易出口额为5万亿美元。占世界GDP的5.9%，占世界商品和服务贸易总额的6%。美国的服务贸易总额为7 060亿美元，仍然是世界排名第一的服务贸易出口国，在全球市场上保持着14%的份额。紧随其后的是两个欧洲国家——英国和德国，它们在一定程度上占据了13%的市场份额。中国是发展中经济体中的主要出口国，整体排名第四，服务贸易额为2 810亿美元。发展中国家的前五大服务出口国都是亚洲国家。2020年，它们占据了全球市场的16%[①]。

受新冠病毒大流行影响，2020年全球旅游和运输市场萎缩。从2015年到2019年，服务贸易在各大洲都实现了正增长。非洲的旅游出口大幅增长，而其他地区在电信和计算机服务方面取得了稳步增长。由于新冠病毒大流行的影响，趋势发生了巨大变化。从2015年到2020年，各地旅游业的年均增长均为负值，非洲和大洋洲的相对损失最小。在运输出口方面，只有亚洲和欧洲保持正增长。金融、保险、商业和知识产权服务仍在继续，在亚洲显著上升（6.5%）。电信、计算机和信息服务是2020年唯一得到增长的服务贸易种类（4.1%）[②]。

发达经济体仍占主导地位，超过2/3的国际贸易服务由发达经济体提供，在保险、金融、知识产权和其他商业服务等领域主导着全球服务贸易出口。除了某些亚洲经济体，发展中国家仍然难以在技术密集型服务市场赢得竞争。增长最快的主要服务类别有电信、计算机和信息。2020年，亚洲和大洋洲以外的发展中经济体仅占2%[③]。

（4）全球化进程呈现衰退态势

由于日益复杂的国际形势影响，全球化进程逐渐呈现衰退态势，对世界贸易造成了一定的不利影响。

[①] WTO. UNCTAD Handbook of Statistics 2021-International trade in services[R]. 日内瓦：The World Trade Organization，2021.

[②] WTO. UNCTAD Handbook of Statistics 2021-International trade in services[R]. 日内瓦：The World Trade Organization，2021.

[③] WTO. UNCTAD Handbook of Statistics 2021-International trade in services[R]. 日内瓦：The World Trade Organization，2021.

首先，单边主义和孤立主义抬头。2016年开始的中美贸易摩擦，关税壁垒对于世界贸易的阻碍作用再一次引起了全球的关注。其中美国的霸权主义和强权政治是造成这一现象的重要原因。美国前总统特朗普曾提出自由贸易秩序"使美国吃亏而中国占便宜"的言论，不断通过"退群"等方式挑战世界自由贸易体系[①]。其次，2019年底开始的新冠病毒大流行。各国为了疫情防控采取的封锁、隔离、熔断等措施。这阻碍了世界贸易自由化的进程，"逆全球化"趋势逐渐抬头。最后，错综复杂的地区政治形势影响了全球化进程。2015年的克里米亚危机，全球主要经济体对俄罗斯进行制裁。2022年初，俄罗斯与乌克兰的战争爆发。各国对俄罗斯经济制裁力度不断加大。环球银行金融电信协会（SWIFT）将俄罗斯移出名单。对属于联合国五大常任理事国的俄罗斯进行大规模制裁无疑会阻碍世界贸易的自由发展。

（5）区域经济一体化的趋势对全球化的冲击

张燕生等（2022）认为区域化是对全球化进程的肢解。随着区域经济一体化的推动。《跨太平洋伙伴关系协定》（TTP）、《跨大西洋贸易与投资伙伴协议》（TTIP）、《国际服务贸易协定》（TISA）、《区域全面经济伙伴关系协定》（RECP）、《数字经济伙伴关系协定》（DEPA）的签订，标志着各国对区域经济一体化更加的重视[②]。

2017年以来，贸易保护主义抬头，对世界贸易的自由化进程造成一定不利影响。以RTA的签订为标志的区域经济一体化逐渐盛行。各RTA主要采取更高标准的贸易和投资自由化措施，不断纳入知识产股、数字贸易、气候变化等新议题。

3.国际商会的相关规则

（1）国际商会的争端处理解决机制

国际商会的争端解决服务有助于解决企业在国际商务中遇到的困难。仲裁是其常用的手段之一，可采用具有约束力的和可执行性的裁决。国际商会的仲裁主要由国际仲裁法院负责。自1923年成立以来，国际仲裁法院已受理

[①] 张燕生，裴长洪，毕吉耀，洪晓东，杨国华，宋泓.中国与世界贸易组织：回顾与展望[J].国际经济评论，2022（01）：9-30+4.

[②] 张燕生，裴长洪，毕吉耀，洪晓东，杨国华，宋泓.中国与世界贸易组织：回顾与展望[J].国际经济评论，2022（01）：9-30+4.

24 000多起案件^①。在过去十年中，国际仲裁法院的工作量大大增加，其成员也在增加，覆盖了85个国家和地区。国际商会在北美、拉丁美洲和中美洲、非洲、中东和亚洲设有代表，大大提升了在各大洲和国际贸易中的影响力。

国际商会的仲裁主要有以下形式：①仲裁（Arbitration）作为一种灵活、高效的纠纷解决方式，可在全球范围内强制执行具有约束力的最终裁决；②调解（Mediation）是一种灵活的技巧，方便争端双方私下秘密进行，中立调解人是一种帮助各方通过谈判解决争端的方式；③争议委员会（Dispute boards）是独立的机构，旨在解决合同过程中出现的分歧；④专业人士（Expertise）是找到合适的人对任何与业务运营相关的主题进行独立评估的一种方式；⑤国际商会跟单票据争议专家解决规则（DOCDEX）是一种通过提供专家决策，解决与跟单信用证、托收和见索即付保函相关的争议的方式。

国际商会还规定，如果仲裁协议是在2017年3月1日之后达成的，争议金额不超过200万美元，则通过快速或"快速通道"仲裁程序解决。除非双方在协议中明确选择退出快速程序[②]。

（2）国际商会的政策和相关实践

国际商会的政策、规则和标准主要由专门的工作机构制定。正常程序要求政策声明首先由专门委员会与国家委员会协商通过，然后由执行局批准，最后才能作为国际商会的官方政策进行执行。国际商会的委员会致力于审查世界商业感兴趣的重大政策问题。每个国家委员会（national committee，NC）或小组可指定相关代表出席会议，官员由国际商会主席和秘书长与委员会成员协商任命，委员会会议通常每年举行两次，各委员会下设工作小组，任期有限，负责开展具体项目并向上级委员会汇报，一些工作组可能包括一个以上委员会的代表[③]。

---

① International Chamber Of Commerce. Rules of Arbitration and Rules for a Pre-Arbitral Referee Procedure[R]. 巴黎：国际商会，2005，7.

② Norton Rose Fulbright, Using fast track arbitration for resolving commercial disputes[EB/OL]. https://www.nortonrosefulbright.com/en/knowledge/publications/981af4b9/using-fast-track-arbitration-for-resolving-commercial-disputes.

③ International Chamber Of Commerce. Global Issues & Trends[EB/OL]. https://iccwbo.org/global-issues-trends/.

（3）国际商会的广告与营销传播实务守则

2011年9月，国际商会推出了新修订的《国际商会广告和营销传播实务统一准则》（ICC Code of Advertising and Marketing Communication Practice），用来指导全球的广告和营销专业人士的相关业务[①]。该准则为那些使用先进技术和工具推销产品和服务的企业制定了道德标准和指导方针。该准则由来自世界各行业和地区的专家制定，旨在通过制定负责任的营销准则来保护消费者。

该准则主要分为两个部分：总则和章节。总则部分包含适用于所有媒体的所有营销的基本原则。章节非常详细，适用于特定的营销领域，包括促销、赞助、直接营销、数字媒体和环境营销等。

（4）国际商会与联合国的关系

自1946年以来，国际商会一直在联合国拥有最高级别的咨商地位，并与其专门机构保持着密切的工作关系。现任国际刑事法院常驻联合国代表是安德鲁·威尔逊（Andrew Wilson）。2016年12月13日，联合国大会193个成员国提出议案，建议授予国际商会观察成员地位。2016年12月21日，联合国大会根据大会决议（A/RES/71/156），授予国际商会观察成员的地位[②]。国际商会于2017年1月1日担任大会的观察成员。

（5）国际商会的特别项目和倡议

①制止假冒和盗版商业行动

国际商会通过BASCAP旨在打击假冒和盗版事件。BASCAP联合全球商业界确定和解决知识产权问题，并寻求地方、国家和国际官员在知识产权执法和保护方面做出更大承诺。BASCAP公开表示假冒和盗版行为会对社会造成以下危害：损害经济，对就业前景造成影响；危害消费者的健康和安全；失去创新动力和使产品质量下降；为组织犯罪提供金融联系；对技术转让的侵蚀等。

BASCAP希望达到的主要目标有：提高公众对假冒和盗版行为的抵触意识，帮助公众认识和理解经济和社会危害；迫使政府采取行动在知识产权执

[①] International Chamber Of Commerce. About us ICC and the Code[EB/OL]. https：//web.archive.org/web/20160605133637/http：//www.codescentre.com/.

[②] United Nations，Resolution adopted by the General Assembly on 13 December 2016[R]. 日内瓦：United Nations General Assembly，2016.

法方面分配更好的资源；创造一种文化变革，使知识产权得到尊重和保护[①]。

②支持信息社会的商业行动

国际商会于2006年发起BASIS，就普遍存在的关键问题发表意见。主要包括：互联网治理问题，如数据保护、隐私、安全以及互联网的技术管理和协调问题；电信市场的自由化；企业家精神；创新；将信息通信技术作为开发工具等[②]。

③商业世界贸易议程

国际商会与卡塔尔商会（Qatar Chamber）合作，于2012年3月启动了商业世界贸易议程，力争在制定新的多边贸易政策议程方面发挥私营部门的领导作用。这一倡议的目的是推动WTO多边贸易谈判走出11年的僵局。商业世界贸易议程是一项强有力的商业倡议，支持基于规则的贸易。WTO支持这一倡议让商业各界参与进来，为推进全球贸易谈判提供建议。

自商业世界贸易议程启动以来，国际商会倡议组织了与世界各地的商业组织的首席执行官和高级管理人员的磋商，以收集意见并验证其建议，并于2013年4月22日在国际商会商业世界贸易议程首脑会议上公布了这些商业优先事项。2013年12月7日，WTO第九届部长级会议最终通过了《贸易便利化协定》。这是自WTO成立以来达成的第一项关于贸易便利化的重大协议[③]。

商业世界贸易议程的主要目的有：确定多边贸易谈判的商业优先事项；帮助各国政府制定21世纪的贸易政策议程，为经济增长和就业贡献力量；找到当前经济危机的解决方式，推动更有效的贸易谈判；设置具体的建议措施来推进全球交易；对贸易保护主义发出警告；收集全球商界对贸易议程优先事项的意见，助力多哈回合谈判。

---

① International Chamber Of Commerce. What is BASCAP?[EB/OL]. https：//web.archive.org/web/20090918070552/http：//www.iccwbo.org/bascap/id1127/index.html.

② International Chamber Of Commerce. What is BASIS?[EB/OL]. https：//web.archive.org/web/20081007201647/http：//iccwbo.org/basis.

③ International Chamber Of Commerce. ICC Business World Trade Agenda[EB/OL]. https：//web.archive.org/web/20121120140306/http：//www.iccwbo.org/global-influence/world-trade-agenda/.

三、贸易惯例的规则

1.《国际贸易术语解释通则》(*Incoterms*)

（1）《国际贸易术语解释通则》的基本介绍

《国际贸易术语解释通则》也称为《国际商业术语解释通则》，是国际商会发布的一系列与国际商法有关的预定义商业术语[①]。它们广泛用于国际商业交易或采购过程，被贸易委员会、法院和国际律师等倡导使用。《国际贸易术语解释通则》是一系列与常见合同销售惯例有关的三字母贸易术语。其主要目的是明确传达与全球或国际货物运输和交付相关的任务、成本和风险。《国际贸易术语解释通则》通过销售合同，规定从卖方向买方交付货物所涉及的义务、成本和风险[②]。

《国际贸易术语解释通则》解释的国际贸易中最常用的术语，为世界各国政府、法律机构和从业人员所接受。它们旨在减少或完全消除因不同国家对规则的不同解释而产生的不确定性。因此，它们经常被纳入世界各地的销售合同中。"国际贸易术语解释通则"是国际商会的注册商标[③]。

（2）《国际贸易术语解释通则》的发展历史

1923年，国际商第一次提出商业贸易术语，最初的目的是促进国际贸易发展。20世纪20年代初，世界商业组织开始了解商人使用的商业贸易术语，这项研究包括13个国家的6个常用术语。研究结果发表于1923年，突出了商业贸易术语在各国解释上的差异。1928年，国际商会为了更清楚地审查初步调查中发现的差异，进行了第二次研究，范围扩大到对30多个国家使用的贸易条件的解释。1936年，根据研究结果，国际商会发布了"国际贸易术语解释通则"第一版（Incoterms® Rules）的全球贸易商指南。条款包括FAS、FOB、C&F、CIF、Ex Ship和Ex Quay等。

1943年，由于第二次世界大战，《国际贸易术语解释通则》的补充修订被暂停，直到20世纪50年代才恢复。1953年发布了《国际贸易术语解释通则》的第一次修订版。因为铁路的兴起，它推出了三个新的非海运贸易条款。新

[①] International Chamber Of Commerce. Incoterms 2020[R]. 巴黎：国际商会，2020.
[②] International Chamber Of Commerce. Incoterms 2010[R]. 巴黎：国际商会，2010.
[③] International Chamber Of Commerce. Incoterms 1953[R]. 巴黎：国际商会，1953.

规则包括 DCP（已支付的交付费用）、FOR（免费的铁路）和 FOT（免费的卡车）。1967年，国际商会发起了对《国际贸易术语解释通则》的第三次修订，处理对前一版本的误解。增加了两个贸易条件，以解决边境交货和目的地交货问题。

1980年，随着集装箱货物运输的递增，《国际贸易术语解释通则》需要再次进行修订。这个版本引入了贸易术语 FRC（免费承运人）（指定点）。它提供的货物不是实际接收到的，而是在岸上的接收点，如集装箱堆场[①]。1990年，《国际贸易术语解释通则》的第五次修订开始。简化了"免费承运人"一词，删除了关于具体运输方式的规则[②]。2000年，国际商会对清关业务进行修订。修改了 FAS 和 DEQ 在 IncoTerms 规则中的"许可证、授权和手续"这一章节，以符合大多数海关当局处理记录出口商和进口商问题的方式。

2010年，国际商会对《国际贸易术语解释通则》进行了最新一次的修改。这个版本合并了 D 字开头的规则，删除了 DAF（在边境交付）、DES（交付快递船）、DEQ（交付快递码头）和 DDU（交付关税未付），并增加了 DAT（在终端交付）和 DAP（在当地交付）。其他包括增加了买方和卖方在信息共享方面的合作义务，以及为适应"字符串销售"而进行的修改[③]。2019年9月，为了跟上不断变化的全球贸易格局，贸易条件的更新修订程序又一次被启动。

（3）《国际贸易术语解释通则2020》（*Incoterms* 2020）

《国际贸易术语解释通则2020》是国际商会发布的第九套国际合同条款。其定义了11条规则，与《国际贸易术语解释通则2010》定义的数量相同。2010年版本的一条规则（"在终端交付"，DAT）被删除，并在2020年规则中被一条新规则（"在卸载的地方交付"，DPU）取代。根据 CIF 和 CIP 条款提供的保险也发生了变化，从协会货物条款（C）增加到协会货物条款（A）。根据 CIF《国际贸易术语解释通则》规则（CIF Incoterms Rule），协会货物条款（C）仍然是默认的承保范围，使各方可以选择更高级别的保险。考虑到全球用户的反馈，CIP《国际贸易术语解释通则》规则现在要求更高级别的保险，符合

---

① International Chamber Of Commerce. Incoterms 1980[R]. 巴黎：国际商会，1980.
② International Chamber Of Commerce. Incoterms 1990[R]. 巴黎：国际商会，1990.
③ International Chamber Of Commerce. Incoterms 2010[R]. 巴黎：国际商会，2010.

协会货物条款（A）或类似条款①。

在之前的版本中，规则分为四类，但《国际贸易术语解释通则2020》中的11个预定义术语仅根据交付方式分为两类。无论运输方式如何，都可以使用较大的七组规则，而较小的四组规则仅适用于涉及水路运输的销售，其中货物的状况可以在装船时核实。因此，其不得用于集装箱运输、其他联运方式或公路、航空或铁路运输。《国际贸易术语解释通则2020》也正式定义了交货。以前，该术语的定义是非正式的，但现在定义为交易中"灭失或损坏的风险从卖方转移到买方"的点。

（4）政府法规中的国际贸易术语解释通则

在一些司法管辖区，货物的关税成本可以根据特定的国际贸易术语解释通则计算。例如，在印度，关税是根据货物的到岸价格计算的，但是在南非，关税是根据货物的离岸价格计算的。因此，向这些国家出口通常使用这些国际贸易术语解释通则，即使它们不适合所选择的运输方式。在执行过程中必须非常小心，确保向客户澄清成本和风险转移的点。

（5）《国际贸易术语解释通则》中的定义术语

在《国际贸易术语解释通则》中，某些术语具有特殊含义，一些重要的术语定义见表5-2。

表5-2 《国际贸易术语解释通则》的重要术语及其解释

术语名称	术语解释
交付（Delivery）	货物损坏的风险从卖方转移到买方的交易点
到货合同（Arrival）	《国际贸易术语解释通则》中指定的运费支付点
货物（Free）	卖方有义务将货物交付到指定地点，以便转移给承运人
托运人（Carrier）	在运输合同中承诺通过铁路、公路、航空、海运、内河运输或通过上述方式的组合履行或促成履行运输的任何人
货运代理（Freight Forwarder）	制定或协助制定运输安排的公司
目的地（Terminal）	任何地方，无论是否覆盖，如码头、仓库、集装箱堆场或公路、铁路或航空货运码头
出口清关（To Clear for Export）	提交托运人的出口报关单并获得出口许可证

---

① International Chamber Of Commerce. Incoterms 2020[R]. 巴黎：国际商会，2020.

（6）适用于任何交通方式的规则（见表5-3）

表5-3 《国际贸易术语解释通则》适用于任何交通方式的规则的重要术语及其解释

术语名称	术语解释
EXW——Ex Works，工厂交货（交货地点）	卖方在其经营场所或其他指定地点提供货物。该条款规定买方承担最大义务，卖方承担最小义务。出厂价术语通常用于对不含任何成本的货物进行初始报价
FCA——Free Carrier，货交承运人（指定交货地点）	卖方在指定地点（可能包括卖方自己的场所）交付经清关出口的货物。货物可交付给买方指定的承运人或买方指定的另一方
CPT——Carriage Paid To，运费付至（指定目的地）	CPT取代了非集装箱海运以外的所有运输方式的C&F（成本加运费）和CFR条款。卖方支付货物运输至指定目的地的费用。但是，当货物已移交给第一承运人或主要承运人时，货物即被视为已交付，因此在出口国的装运地将货物移交给该承运人时，风险转移给买方
CIP——Carriage and Insurance Paid to，运费和保险费付至（指定目的地）	该条款与上述CPT条款大致相似，但卖方必须在运输途中为货物投保。CIP要求卖方根据伦敦保险商协会的协会货物条款（A）或任何类似条款，按合同价值的110%为货物投保，除非双方明确同意。保单应与合同使用相同的货币，并应允许买方、卖方和任何其他对货物有保险利益的人提出索赔
DPU——Delivered At Place Unloaded，卸货地交货（指定目的地）	本《国际贸易术语解释通则》要求卖方在指定的目的地卸货交货。卖方承担所有运输费用（出口费、运输费、目的港主承运人卸货费和目的港费用），并承担到达目的港或码头前的所有风险
DAP——Delivered At Place，目的地交货（指定目的地）	2010年《国际贸易术语解释通则》将DAP定义为"在指定地点交付"——当货物被放置在到达的运输工具上供买方处置，准备在指定的目的地卸货时，卖方交付货物。根据DAP条款，风险从交货合同中提到的目的地从卖方转移到买方
DDP——Delivered Duty Paid，完税后交货（指定目的地）	卖方负责将货物运至买方所在国的指定地点，并支付将货物运至目的地的所有费用，包括进口关税和税费。卖方不负责卸货。这一术语通常用来代替非国际贸易术语解释通则"店内免费"（FIS）。该条款规定卖方承担最大义务，买方承担最小义务。在指定目的地交付货物之前，风险或责任不转移给买方

（7）海运和内河运输规则（见表5-4）

表5-4 《国际贸易术语解释通则》适用于海运和内河运输规则的重要术语及其解释

术语名称	术语解释
FAS——Free Alongside Ship（指定装运港） 该术语仅适用于非集装箱海运和内河运输。	当货物在指定装运港与买方船只并排放置时，卖方交付货物。这意味着从那一刻起，买方必须承担货物灭失或损坏的所有费用和风险。FAS术语要求卖方办理出口清关手续。但是，如果双方当事人希望买方为出口货物办理清关手续，则应通过在销售合同中添加确定的言辞来明确这一点

续　表

术语名称	术语解释
FOB——Free on Board（指定装运港）	根据 FOB 条款，卖方承担货物装船前的所有费用和风险。卖方的责任不在该点结束，除非货物"适用于合同"。因此，FOB 合同要求卖方在买方指定的船只上以特定港口的习惯方式交货。在这种情况下，卖方还必须安排出口清关。另外，买方支付海运费、提单费、保险费、卸货费和从到达港到目的地的运输费
CFR——Cost and Freight（指定目的港）（仅适用于非集装箱海运和内河运输）	卖方支付货物运输至指定的目的港的费用。货物在出口国装船后，风险转移给买方。卖方负责原产地费用，包括出口清关和运输至指定港口的运费。托运人不负责从港口（通常为买方设施）将货物交付至最终目的地，也不负责购买保险。如果买方要求卖方投保，应考虑国际贸易术语解释通则 CIF

2.《托收统一规则》(*The Uniform Rules for Collection*，URC)

（1）基本情况介绍

《托收统一规则》是一套有助于收集债务、欠款或资产的规则。URC 是由国际商会制定的一个全球性规则，旨在促进国家间的商业利益和贸易[①]。《国际商会的托收统一规则》主要是为了减少托收业务有关当事人产生的纠纷，以适应国际贸易发展的需要。国际商会于1995年对该规则进行了修订，将其名称改为《托收统一规则》。《托收统一规则》是一套实用的托收流程。自1979年以来，这些规则解决了很多日常运营中的问题。

《托收统一规则》的最新修订版起草于20世纪90年代中期，概述了从业者——企业、银行和卖家在试图收取款项时每天面临的问题。《托收统一规则》还为此类从业者启动托收流程提供了有用的规则。《托收统一规则》的最后一份草案是 URC 522，其规定主要银行或托收银行需要起草并附上一份表格，明确说明托收债务的目的和应遵循的流程。

《托收统一规则》是对银行、贸易商、买方和卖方的重要保护，它们概述了各方在托收货物或欠款时的责任。这些规则对银行和其他机构特别有用，因为它们每天都在试图收取欠款[②]。

[①] International Chamber Of Commerce. The Uniform Rules for Collection[R]. 巴黎：国际商会，1996.
[②] International Chamber Of Commerce. The Uniform Rules for Collection[R]. 巴黎：国际商会，1996.

（2）承兑交单和付款

URC 522还概述了银行在承兑交单（Documents Against Acceptance，D/A）和付款交单（Documents Against Payment，D/P）方面可以和应该做什么。承兑交单是进口商和出口商之间的一种安排，规定在支付汇票或达成付款协议之前，不得向进口商提供证明其对进口货物所有权的文件。

在这种情况下，URC 522表示，进口商通过出口商接受的银行开具远期汇票，并且必须签字同意在未来向出口商（卖方）付款。一旦被接受，所有权文件将由银行移交给买方。付款交单在出口商方面也有类似的用途。这些文件是银行和出口商之间的协议，规定进口商在支付所附汇票或做好付款准备之前，不得收到任何确认货物所有权的文件。URC 522规定，买方（进口商）应在货物交付后全额付款，然后银行才可以移交确认所有权的文件[1]。

3.《跟单信用证统一惯例》（Uniform customs and Practice for Documentary Credits，UCP）

（1）基本情况介绍

UCP是一套关于信用证签发和使用的规则，被170多个国家的银行和商业团体用于贸易融资。大约11%～15%的国际贸易使用信用证，每年总额超过1万亿美元。从历史上看，商业各方尤其是银行，在经营过程中已经总结出了一套在国际贸易融资中处理信用证的技术和方法[2]。

国际商会在1933年发布了UCP，随后多次对其进行了更新，从而使这一做法标准化。目前的版本是UCP 600，其是有史以来最成功的统一规则的国际尝试，因为UCP具有实质性的普遍效果。国际商会银行委员会于2006年10月25日在巴黎举行的会议上通过了最新修订。这一最新版本被称为UCP 600，于2007年7月1日正式启动。截至2017年7月，尽管国际商会认识到了修订的必要性并将"持续审查"，但都已决定不再修订2007版UCP 600[3]。

---

[1] International Chamber Of Commerce. The Uniform Rules for Collection[R]. 巴黎：国际商会，1996.

[2] International Chamber Of Commerce. ICC Uniform Customs and Practice for Documentary Credits[EB/OL]. http：//store.iccwbo.org/icc-uniform-customs-and-practice-for-documentary-credits-ucp-600-leaflet-format-set-of-25.

[3] Charles Spragge，Decision on Revision of UCP600[EB/OL]. https：//www.druces.com/decision-on-revision-of-ucp600/.

（2）UCP 600

UCP 的最新修订版在 2006 年 10 月完成的，是自 1933 年首次颁布以来的第六次修订。这是国际商会银行技术与实践委员会三年多的工作成果。UCP 仍然是有史以来最成功的私人贸易规则，主要由 UCP 起草小组负责，该小组在得出最终文本之前，审阅了 5000 多条个人评论。UCP 咨询小组成员来自 25 多个国家的咨询机构。国际商会银行业技术与实践委员会的 400 多名成员对文本的修改提出了建议。全球 130 个国际刑事法院国家委员会在整合成员的意见方面发挥了积极作用。

在修订过程中，同时创建了《跟单信用证项下单据审查国际标准银行惯例》(*International Standard Banking Practice for the Examination of Documents under Documentary Credits*，ISBP）。本出版物已发展成为 UCP 的必要配套文件，用于确定单据是否符合信用证条款。起草小组和银行业委员会期望在 UCP 600 生效期间，ISBP 中包含的原则在其后续修订时将继续适用。在 UCP 600 实施时，ISBP 将有一个更新版本（最新版本是 2013 年的修订版），以使其内容符合新规则[1]。

如果信用证是根据 UCP 600 发行的，则该信用证将按照 UCP 600 中包含的全部 39 条进行解释。但是，可以通过明确修改或排除的方式对规则进行例外处理。例如，信用证的当事人可以约定，尽管受益人未能交付分期付款，信用证的其余部分仍然有效。在这种情况下，信用证必须使 UCP 600 第 32 条的效力无效。例如，信用证的措辞为："尽管受益人未能按照分期付款的分期付款单据，信用证仍将继续适用于剩余的分期付款。"[2]

（3）电子信用证统一惯例（eUCP）

电子信用证统一惯例是作为 UCP 的补充而开发的。在数字技术高速发展的时代，银行和企业以及运输和保险行业已经准备好使用电子商务。电子信用证统一惯例的更新版本于 2019 年 7 月 1 日生效。

---

[1] International Chamber Of Commerce. International Standard Banking Practice ISBP 745[EB/OL]. http://store.iccwbo.org/international-standard-banking-practice-3.

[2] International Chamber Of Commerce. Uniform Customs and Practice for Documentary Credits[R]. 巴黎：国际商会，2007.

（4）国际商会与 UCP 600

国际商会的一项重要职能是制定和推广其统一的业务规则，目标是编纂国际惯例，并在充分辩论和考虑后做出最佳选择。国际商会的业务规则是由银行家和商人设计的，而不是由立法机构出于政治和地方考虑设计的。这些规则相应地展示了商业的需求、习俗和惯例。由于这些规则是自愿纳入合同的，因此这些规则具有灵活性，同时为包括司法审查在内的国际审查提供稳定的基础。因此，应不断进行国际修订，以便纳入商业各方不断变化的做法。

UCP 最初被引入时，是为了缓解各个国家推广本国信用证业务规则所造成的混乱。其目的是制定一套合同规则，在实践中建立统一性，从而应对经常相互冲突的国家法规的需要。在经济和司法制度差异很大的国家，从业人员普遍接受 UCP，这证明了该规则的成功。

四、国际商会的组织机构

1. 行政管理机构

（1）世界理事会

国际商会的最高管理机构是世界理事会，由国家委员会的代表组成。由世界理事会选举国际刑事法院的最高官员，包括主席和副主席。每一位任期两年。主席、副主席和名誉主席（前主席）为组织的高层领导。

（2）执行委员会

国际商会的战略方向由执行委员会把握，执行委员会由多达30名商业领袖和官守议员组成，由世界理事会根据主席的建议选出。执行委员会每年召开三次会议，监督国际商会战略优先事项的制定及其政策的实施。

（3）国际秘书处

国际秘书处制订并执行国际商会的工作方案，就直接影响商业运作的问题向政府间组织提供商业观点。国际秘书处由世界理事会任命的秘书长领导。

（4）国家委员会

有92个成员国建立了正式的国际刑事法院机构，称为国家委员会。在没有国家委员会的国家，商会和专业协会等公司和组织可以成为直接成员。

（5）财政委员会

财务委员会就所有财务事项向执行委员会提出建议。它代表执行局编制预算并定期向执行局报告。它审查国际商会活动的财务影响，并监督本组织的收入和支出。

2. 国际商会研究基金会（ICC Research Foundation，ICCRF）

国际商会研究基金会成立于2010年，由国际商会委托进行独立的学术研究，以便于普通人了解关于全球贸易和投资的益处的公众知识。国际商会研究基金会由一个董事会管理，其董事会责任成员包括切丽·努萨利姆（Cherie Nursalim）和杰拉德·沃森（Gerard Worms）两人。国际商会研究基金会资助主要国际研究人员开展研究项目以实现以下目标：①展示国际贸易和投资的扩张如何带来就业和实现贸易增长；②确定多边方法特别有利于实现这一目标；③记录保护主义如何侵蚀就业、可持续增长和市场经济；④使决策者、媒体和公众对全球贸易和投资的好处有更深入的了解[1]。

3. 世界商会联合会（World Chambers Federation，WCF）

1951年，国际商会成立了WCF。WCF是一个独特的全球论坛，将全球12000多个工商会的网络连接在一起[2]，旨在促进最佳企业实践的交流，为全球产品和服务提供平台。促进商会和其他利益相关者之间的国际伙伴关系，帮助当地制定政策和进行商业实践。作为一个非政治、非政府机构，其成员包括地方、区域、国家、双边和跨国商会，以及公法和私法商会。WCF是在世界商会大会（1950年罗马）结束时通过决议成立的。

WCF还负责组织世界商会大会（World Chambers Congress，WCC），每两年举办一次。大会是商会领导人和专业人士分享最佳实践、交流见解、发展网络、解决影响其社区的最新商业问题的重要国际论坛，为世界各地商业人士交流提供了平台[3]。

---

[1] ICC Research Foundation，People[EB/OL]. https：//www.iccrf.org/people.html.

[2] International Chamber Of Commerce. World Chambers Federation[EB/OL]. https：//iccwbo.org/chamber-services/world-chambers-federation/.

[3] International Chamber Of Commerce. World Chambers Congress（WCC）[EB/OL]. https：//iccwbo.org/chamber-services/world-chambers-federation/world-chambers-congress/.

4. 国际商会商业犯罪服务部（Commercial Crime Services, CCS）

国际商会商业犯罪服务中心是一个打击世界商业犯罪的机构。它利用其成员的资源在多个方面打击商业犯罪[①]。总部位于伦敦，由三个不同的局组成。其运作遵循两项基本原则：预防商业犯罪和调查并帮助起诉参与商业犯罪的罪犯。主要机构有国际海事局、金融调查局、国际商业假冒调查局。

5. 反腐败委员会（Commission on Anti-Corruption）

国际商会的行为规则旨在"制订一个高效且运行良好的廉洁计划"，以应对腐败、勒索和贿赂等问题。国际商会反腐败委员会于1999年首次出版了《反腐败，企业行为手册》。该手册提供了"遵守国际商会行为规则和经合组织公约的详细实践指南"。国际商会的行为规则考虑了2003年12月9日在墨西哥梅里达签署的《联合国反腐败公约》的相关精神。主要内容包括九条"一般性质"的商业行为规则。其规则在自愿的基础上被广泛接受，并在国家反贿赂法的背景下加以实施。国际商会反腐败委员会的作用和职能是"促进尽可能广泛地使用这些规则"。

五、最新发展趋势

1. 银行与金融

（1）银行业的重要性及国际商会的跟进措施

银行业在惠及所有人方面发挥着不可否认的作用。给予小企业承担风险，占领新的国际市场的机会。银行支撑着超过三分之一的全球贸易，规模达到每年数万亿美元。世界贸易在很大程度上取决于可靠和成本效益高的资金来源。这意味着银行和其他金融机构在促进贸易增长和发展方面发挥着至关重要的作用。

国际商会制定了普遍接受的规则和指导方针，帮助企业，尤其是中小企业获得发展所需的资金。银行和其他金融机构帮助企业参与世界贸易，降低风险，使商品和服务能够以平稳、安全的方式在全球流动[②]。国际商会针对跟

[①] International Chamber Of Commerce. Counterfeiting Intelligence Bureau[EB/OL].https://icc-ccs.org/icc/cib.

[②] International Chamber Of Commerce. Banking & finance[EB/OL].https://iccwbo.org/global-issues-trends/.

单信用证、未偿债务买卖、见索即付保函、银行付款义务和争议解决等问题制定了自愿规则和指南。通过这一共同框架，国际商会允许世界各地的公司和政府使用相同的监管语言，而且不会给银行带来麻烦，使它们无法为宝贵的贸易机会融资（见表5-5）。

表5-5 国际商会规章中涉及银行业的法规

中文名	英文名
国际商会对 eUCP 2.0 版和 eURC 1.0 版逐条分析的评论	ICC Commentary on eUCP Version 2.0 and eURC Version 1.0 Article-by-Article Analysis
国际商会跟单信用证统一惯例（UCP 600）	ICC Uniform Customs and Practice for Documentary Credits（UCP 600）
跟单信用证统一惯例（UCP 600）电子提示补充（eUCP）2.0 版	Uniform Customs and Practice for Documentary Credits（UCP 600）Supplement for Electronic Presentation（eUCP）Version 2.0
托收统一规则（URC 522）	ICC Uniform Rules for Collections（URC 522）
托收统一规则（URC 522）电子提示补充（eURC）1.0 版	Uniform Rules for Collections（URC 522）Supplement for Electronic Presentation（eURC）Version 1.0
见索即付保函统一规则（URDG）	Uniform Rules for Demand Guarantees（URDG）
国际商会未偿债务买卖统一规则（URF 800）	ICC Uniform Rules for Forfaiting（URF 800）
银行付款义务统一规则	Uniform Rules for Bank Payment Obligations
国际商会银行委员会意见	ICC Banking Commission Opinions

（2）全球性的规则

UCP 制定于20世纪30年代，是有史以来最成功的私人起草的贸易规则。每年根据 UCP 600进行的交易超过1万亿美元。但由于国际贸易仍在不断发展，国际商会必须不断调整和修订其中的规则，以适应贸易中银行业不断变化的业务需求。

国际商会还为未偿债务买卖、需求担保和供应链金融等领域制定了指导方针。银行可以通过各种方式与企业合作，降低贸易中的风险。由于公司和银行之间往往不可避免地发生纠纷。国际商会的专业知识也被用来帮助各方迅速解决围绕贸易融资文件的分歧，而无须诉诸法庭[①]。

---

① International Chamber Of Commerce. Global Issues & Trends[EB/OL].https：//iccwbo.org/global-issues-trends/.

当围绕全球贸易融资规则的争端以快速、公平和成本效益高的方式得到解决时，贸易就避免了因旷日持久的国际诉讼而导致的放缓和麻烦。本着这种精神，国际商会制定了文件争议解决规则（DOCDEX，Discussion Resolution Services），向各方提供一个专门指定的专家小组，在收到必要文件后30天内做出决定。

（3）贸易融资

鉴于贸易融资对贸易和经济增长的重要性，国际商会发布了一份年度全球贸易融资调查报告，包含100多个国家的数据。该调查对贸易融资趋势如何随时间演变进行了深入分析，观察了政策如何影响银行的融资和风险缓解活动，以及存在哪些改进空间。

2018年国际商会全球调查（The 2018 ICC Global Survey）显示，超过60%的受访银行已经实施或正在实施技术解决方案，以实现贸易融资业务的数字化。然而，只有9%的银行报告称，迄今为止实施的解决方案已减少了贸易融资交易的时间和成本。报告还显示，该行业需要做更多工作，以就共同标准达成一致，以便实现贸易数字化的所有好处。国际商会定期利用其数据制定具体的政策，与国际组织及其他公共和私营部门一起刺激贸易融资[①]。

（4）风险与监管

在16万亿美元规模的全球贸易和出口金融市场上，对评估风险和制定新政策来说拥有全面的数据至关重要。《国际商会贸易登记册》（*ICC Trade Register*）讨论了《巴赛尔协议》下贸易融资处理的经验，目的是确保基本贸易产品得到监管机构的适当处理[②]。由于国际商会长期以来已成为独立政策和市场分析的权威，在提供贸易和出口金融的最新和全面数据方面拥有独特优势，所以可以帮助银行业理解这一快速变化的市场。

国际商会设立了国际商会贸易登记册，以增进对各种产品在贸易和出口融资中的风险特征的了解。这一举措有助于该行业利用25家国际银行的数据，开发一个数据库，以评估长期以来一直认为贸易和出口融资是一种相对低风

---

① International Chamber Of Commerce. The 2018 ICC Global Survey[R]. 巴黎：国际商会，2018.

② International Chamber Of Commerce. Risk & regulation[EB/OL]. https://iccwbo.org/global-issues-trends/banking-finance/risk-regulation/.

险的融资形式的说法,对制定一个运转良好的全球贸易和银行体系所需的公平监管体系至关重要。

(5)打击洗钱和恐怖主义融资

洗钱、资助恐怖主义、金融欺诈和其他金融犯罪可能会产生重大的负面经济影响。金融犯罪活动严重破坏金融机构的完整性和稳定性,阻碍对生产部门的投资,造成国际资本流动扭曲。国际商会将打击洗钱和恐怖主义融资作为一项优先事项,利用国际贸易金融领域全球领先规则制定者的地位,为银行和其他行业制定规则,并就金融犯罪风险相关话题与国家和国际监管机构开展行业对话[①]。

2.竞争性市场

(1)公平竞争环境

制定有效的监管对企业稳定经营和世界经济健康发展至关重要。社会期望企业在整个运营过程中坚持高道德标准,并维持公平竞争环境。企业通过在开放市场中保持竞争优势、创造就业机会,利用投资和税收,为公共工程做出贡献。国际商会通过促进跨国界的包容性贸易和投资,帮助所有企业满足国际市场的需求和创造机会。在企业和监管机构之间建立沟通的桥梁,尤其是在反垄断合规、税收和能源政策方面[②]。

(2)反垄断与竞争

企业经营范围的扩大给监管带来了越来越多的挑战。在反垄断法或竞争法领域,遵守法律变得尤为重要。全球范围内,法律的影响力扩散是前所未有的。反垄断法是确保公司在公平竞争环境中相互促进,最大限度地减少市场扭曲,以公平价格向买家提供商品和服务的关键。然而,随着新法律的不断通过,反垄断法的不断演变,给企业,尤其是中小企业带来了挑战。

虽然许多公司已经制订了反垄断合规计划来保护自己,但从历史上看,执法机构对如何最好地支持企业的合规工作几乎没有共识。国际商会通过提供有关竞争法的实用工具,比如国际商会反垄断损害赔偿诉讼简编(ICC

---

① International Chamber Of Commerce. AML & compliance[EB/OL]. https：//iccwbo.org/global-issues-trends/banking-finance/legal-compliance/.

② International Chamber Of Commerce. Competitive Markets[EB/OL]. https：//iccwbo.org/global-issues-trends/competitive-markets/.

Compendium of Antitrust Damages Actions），协调各种规模的、跨行业的公司，并收集世界各地的最佳实践，以深化与公共和私人利益相关者的对话[①]。

（3）全球税收

企业通过税收为社会做出贡献。随着企业走出国境，确保税收透明性和非歧视性显得至关重要。为了使开放贸易和投资的利益能够惠及所有人，各国政府将税收作为关键杠杆，但往往难以在全球不同国家之间进行协调。而在跨国投资贸易中国际协调是必不可少的，政府不协调的单边或双边行动可能导致双重征税的风险，即公司在同一收入上被征税不止一次，导致不公平竞争，使跨境交易的税务后果更加不确定，从而阻碍和扭曲国际贸易和投资[②]。

国际商会与公共和私营部门利益相关者合作，致力于促进对外国投资和收益的透明度和非歧视性待遇，消除跨境商业交易的税务障碍。国际商会还与联合国和经济合作与发展组织（OECD）合作，寻求制定国际税收标准，包括OECD的税基侵蚀和利润转移倡议。出台的相关文件有《国际商会对2021欧盟关于数字经济公平征税的意见》（ICC Comments on the 2021 EU Consultation on Fair Taxation of the Digital Economy）和《国际商会BRITACOM报告：税务管理数字化——商业视角》（ICC BRITACOM report：Digitalisation of Tax Administrations——A Business Perspective）。

（4）能源

日益复杂的国际形势使得可靠安全的能源供应日益受到威胁。国际商会积极寻求与各国政府合作，以解决能源管理方面的难题，并确保决策者在能源市场监管时能考虑到商业方面的需求。有效实施综合政策需要有良好治理，并营造扶持性框架。以提供有吸引力的安全的投资环境。此外，国家或地方政府、企业和其他关键利益相关者也应提供可持续能源服务。国际商会针对能源所提出的政策规定有能源可持续性和安全的六个步骤（Six Steps to Energy Sustainability and Security）、碳排放的作用和2050年以后通过CCU和C^3的

[①] International Chamber Of Commerce. Antitrust & competition[EB/OL]. https：//iccwbo.org/global-issues-trends/competitive-markets/antitrust-competition/.

[②] International Chamber Of Commerce. Global taxation[EB/OL]. https：//iccwbo.org/global-issues-trends/competitive-markets/global-taxation/.

长期缓解战略（Role of Carbon and Long-term Mitigation Strategies Beyond 2050 through CCU and C³）[①]。

3. 数字化增长

（1）数字经济

数字经济不仅彻底改变了我们今天的经营方式，而且为全球经济增长和繁荣创造了新的机遇，技术进步和数字连接可以刺激商业模式。在商业网络和知识转移方面取得创新有助于企业更好更快进入国际市场。从微型企业到跨国企业集团，世界上每个部门和每个地区的企业都越来越依赖信息和通信技术（Information and Communication Technologies，ICT）以及安全稳定的互联网。2019年底开始席卷全球的新冠病毒，客观上增强了数字技术的商业领域的作用[②]。

国际商会利用商业洞察力和经验，让决策者对新的ICT和商业模式有一个清晰的认识，并展示现有监管如何影响其在国内和国外的使用。在这一领域的工作旨在确保数字世界，包括互联网和其他信息及通信技术的稳定运行。国际商会在推进全球数字经济发展和ICT稳定增长时结合了政策和监管倡导，以及针对企业和政府的最佳实践。国际商会代表全世界的信息技术用户、提供商和运营商，处理与ICT和互联网相关的各种问题。

（2）ICT与互联网

技术进步推动ICT和互联网的发展，带来更具创新性的沟通方式。同时创造新的就业机会，为全球经济增长做出贡献。如今，信息通信技术支撑着整个社会。政府和企业必须携手合作，确保监管既不会造成不必要的负担，也不会产生可能损害经济增长和社会效益的意外后果。

国际商会从信息和通信用户、运营商、内容和服务提供商出发，就监管事务、通用电信、通信基础设施等政策进行研究，同时寻求确保IT服务的贸易自由化，以激励创新、投资和创业精神，尤其是在发展中国家，国际商会就宽带频谱和部署、歧视性税收对电信服务的不利影响以及数字融合等

[①] International Chamber Of Commerce. Energy[EB/OL]. https：//iccwbo.org/global-issues-trends/competitive-markets/energy/.

[②] International Chamber Of Commerce. Digital growth[EB/OL]. https：//iccwbo.org/global-issues-trends/digital-growth/.

问题撰写了一系列文件[①]。

（3）互联网治理

互联网对社会变革的推动作用越发明显，有效促进了地区的经济增长和繁荣。国际商会倡导采取政策，支持以新的方式使用互联网。将人们的思想联系起来，创造就业机会，促进贸易，扭转贫困循环。互联网治理是制定影响互联网使用和功能的规范和原则的过程。如今，互联网治理被认为有利于解决技术问题和制定监管框架，在应对社会、经济和安全问题上对政策工作促进作用，可以有效解决信任、标准制定、问责制和管辖权等问题。成功的互联网治理依赖于利益相关者之间的共识，以及就尚未达成共识的问题进行建设性对话。同时也应保持互联网的安全、稳定、弹性和开放性[②]。

国际商会发起支持信息社会（Business Action to Support the Information Society，BASIS）倡议的商业行动，主要倡导私营部门关注互联网治理问题。国际商会在促进经济和社会发展、进行全方位互联网治理和提升信息通信技术问题上有所担当，在推动全球商业优先事项时，认为以上目标最好通过利益相关者制定政策来实现。通过该行动，国际商会为技术和可持续发展以及实现互联互通提供了有效保障。

（4）数据

全球每天都会产生250亿字节的数据，这是一种可以收集和解释的资产，即使最小的企业也可以从中获取利润。数据被认为是可以解决当今经济发展过程中面临的问题和挑战的资源。数据保护是个人和企业都非常关心的问题，2016年记录在案的数据泄露事件比以往任何一年都多。令企业担忧的是，私营部门受到的冲击最大，占所有违规行为的45%以上。国际商会认为，政策框架应提供强有力和适当的数据保护，在创新的情况下保障公民的隐私权[③]。

---

① International Chamber Of Commerce. ICTs & Internet[EB/OL]. https：//iccwbo.org/global-issues-trends/digital-growth/icts-internet/.

② International Chamber Of Commerce. Internet governance[EB/OL]. https：//iccwbo.org/global-issues-trends/digital-growth/internet-governance/.

③ International Chamber Of Commerce. Data[EB/OL]. https：//iccwbo.org/global-issues-trends/digital-growth/data/.

商业工具对进一步保护隐私和促进经济增长至关重要。为此，国际商会为世界各地的处理隐私和数据保护问题的决策者提供了实用工具和指南。这些工具包括国际商会将个人数据从欧盟转移到第三国的替代标准合同条款。

（5）网络安全

获得全球认可的安全网络在近年来显得至关重要。随着网络安全的问题越来越复杂，国际商会为促成企业和政府之间更密切的合作，以确保与互联网相关的发展不会造成不良影响，分裂为地方、国家、区域和全球级别的网络。

国际商会还利用其影响力，在全球范围内提升网络能力，强化专业知识，在政府间组织和管理网络安全的论坛上提出建议并分享经验。国际商会全球网络安全资源数字附录是一个不断发展的动态数据库，提供包括实践标准和技术标准的本地化建议。通用参考文献和框架在"全球资源"下进行分类，然后按国家进行分类，以确保资源既能适用于全球，又能适用于当地。其他主要的文件有国际商会网络安全问题简报（ICC Cybersecurity Issue Brief）和国际商会网络安全政策入门（ICC Policy Primer on Cybersecurity）[1]。

4. 全球治理

（1）国际商会参与全球治理的情况

过去20年，企业在全球治理中越来越重要。国际商会致力于为政府间机构的国际政策辩论提供信息，以确保全球政策框架与企业合作，推动经济发展。国际商会为主要国际组织和商业谈判发声，从全球商业角度为政策辩论做出贡献。

国际商会还代表企业积极参加涉及可持续发展问题的世界首脑会议、联合国气候变化框架公约（UNFCCC）和联合国互联网治理论坛（IGF）等。作为世界商业组织，参与了经济及社会理事会（Economic and Social Council）和国际电信联盟（International Telecommunication Union）的工作。国际商会还代表商界出席了联合国发展筹资会议、可持续发展问题世界首脑会议和信息社会世界首脑会议。

---

[1] International Chamber Of Commerce. Cybersecurity[EB/OL]. https：//iccwbo.org/global-issues-trends/digital-growth/cybersecurity/.

（2）G20

G20已成为国际经济合作的核心组织，近年来其政策议程逐渐涉及从贸易到可持续发展等的广泛商业问题。在这种情况下，国际商会作为一个独特的组织，利用与20国集团各经济体政府的直接联系，为20国集团的政策制定提供信息。国际商会在这一领域的工作由G20首席执行官咨询小组指导，该小组由全球主要公司的顶级商业领袖组成，旨在建立一个持久、合法的全球商业组织，G20成为政府在全球政策议程上商业专业知识的主要来源[①]。

G20首席执行官咨询小组调动专业知识，并向世界各地的公司和商业组织征求优先事项和建议。该小组由30多名首席执行官和商界领袖组成，致力于确保政府、公众和媒体在每次峰会之前、期间和之后都能听到商界的声音。鉴于世界上许多主要经济体的民粹主义和保护主义压力日益加大，国际商会支持贸易主导型增长的政策。

5.创新及知识产权

通过一系列活动，国际商会解释了创新和知识产权制度的积极作用，就如何提高该系统的效率和成本效益提供指导，并帮助决策者调整该系统以应对新的挑战。国际商会还通过打击假冒和盗版提高各国政府及消费者对这一现象的认识，是全球商界在知识产权与其他领域的交叉点发出的重要声音。

（1）创新原则

决策者越来越意识到创造和培育创新生态系统的重要性。创新是经济增长的关键驱动力，也是应对公共卫生、粮食安全和气候变化等全球挑战的关键解决方案。创新能力和将创新成功推向市场的能力是经济竞争力和社会经济发展的关键因素。

创新是联合国2030年可持续发展议程的一个关键因素。可持续发展目标（Sustainable Development Goals，SDG）的第九项中特别提到了创新。新的技术解决方案，新的商业模式和适当的干预措施，有助于实现可持续发展目标，并创造出具有弹性的创新生态系统，以应对与全球健康危机、气候变化和地

---

① International Chamber Of Commerce. G20[EB/OL]. https://iccwbo.org/global-issues-trends/global-governance/G20/.

缘政治风险相关的风险。

创造和培育创新生态系统，以及建立创新活动投资所需的信心，都需要一个支持性的政策环境。创新是指导政策制定者创建政策框架的原则，这些框架有助于形成高效、有弹性和可持续的创新生态系统。创新的主要措施包括：在一个值得信赖的企业建立投资者的信心；促进教育和培训，打造强大的创新生态系统；鼓励开放贸易和投资；确保知识产权制度激励创新和传播技术[1]。

（2）知识产权

知识产权有利于支持知识型产业的发展，刺激国际贸易，鼓励投资和技术转让。知识产权可以对公司的资产和市场价值做出重大贡献，激励人们投资于创新和创造，产生周期性的投资回报，为进一步的创新和创造活动提供资金。知识产权作为一种货币形式，使发明、品牌、受版权保护的作品和其他创新材料等得以估价和交易。

此外，知识产权还通过在专利申请中披露新发明，支持新技术，鼓励通过艺术、文学、摄影和音乐进行多样化的文化表达，促进新技术的传播。通过质量和原产地的指标，知识产权也有助于保护消费者权益，促进旨在获得投资和与其他公司合作的公司的发展[2]。

作为国际商业的倡导者，国际商会与参与知识产权政策制定的政府间组织密切合作，包括世界知识产权组织（World Intellectual Property Organization，WIPO）和WTO以及其他国际组织。相关文件主要有国际商会2020年知识产权路线图（ICC Intellectual Property Roadmap 2020）和全球技术和知识流动的动态（The Dynamics of Global Technology and Knowledge Flows）。

（3）遗传资源和传统知识

企业以多种方式参与遗传资源合作，创新产品和服务。随着全球对生物多样性认识的逐渐加深，获得遗传资源，在R&D活动中利用遗传资源所产生的利益已成为热点。这些讨论促成了2014年在《生物多样性公

---

[1] International Chamber Of Commerce. Innovation principles[EB/OL]. https：//iccwbo.org/global-issues-trends/innovation-ip/innovation/.

[2] International Chamber Of Commerce. Intellectual Property[EB/OL]. https：//iccwbo.org/global-issues-trends/innovation-ip/intellectual-property/.

约》(Convention on Biological Diversity，CBD)框架下缔结了《名古屋议定书》(Nagoya Protocol)，并在包括粮食及农业组织(Food and Agricultural Organisation，FAO)在内的许多论坛上继续进行讨论。

为了达成《生物多样性公约》的目标，保护和持续利用生物多样性，并以公平的方式分享遗传资源，企业界通过国际商会在《生物多样性公约》讨论中发挥了积极作用。国际商会领导企业参与名古屋谈判，并继续就议定书的实施提供了多种视角[①]。

第二节 国际标准化组织

国际标准化组织(International Organization for Standardization，ISO)作为独立的非政府国际组织，主要是制定和发布国际标准。标准是对重复性事件和概念所做的统一规定，它可以与制造产品、管理流程、提供服务或供应材料有关，所以，标准涵盖了广泛的活动。标准是在其主题领域具有专业知识并且了解它们所代表的组织（例如制造商、销售商、买家、客户、贸易协会、用户或监管机构）需求的人们的智慧结晶。

一、联合国可持续发展目标

国际标准化组织完全认同联合国大会于2015年9月通过的《2030年可持续发展议程》，该议程基于全人类共同发展原则，特别强调采用使所有人都实现可持续发展的整体方案，制定了17项可持续发展目标。所以，国际标准化组织在其制定和修订标准规则的过程中，要求每一个新标准都要确定其会对联合国可持续发展目标提供支持。这17项可持续发展目标包括：目标1——在全世界消除一切形式的贫困；目标2——消除饥饿；目标3——确保健康的生活方式，促进各年龄段人群的福祉；目标4——优质教育；目标5——实现性别平等，并赋予女性权利；目标6——为所有人提供水和卫生环境；目标7——确保人人获得负担得起的、可靠的、可持续的现代能源；目标8——促进包容、可持续的经济增长和就业，确保人人获得体面工作；目标9——建设基础设

[①] International Chamber Of Commerce. Genetic resources & traditional knowledge[EB/OL]. https://iccwbo.org/global-issues-trends/innovation-ip/genetic-resources-traditional-knowledge/.

施,促进产业可持续性发展,培育创新;目标10——减少国家内部和国家之间的不平等;目标11——建设包容、安全、有抵御灾害能力和可持续的城市;目标12——采用可持续的消费和生产模式;目标13——采取紧急行动应对气候变化及其影响;目标14——保护并可持续利用海洋资源;目标15——可持续地管理森林,防治荒漠化,制止和扭转土地退化,遏制生物多样性的丧失;目标16——创建公正、和平和包容的社会;目标17——重振可持续发展全球伙伴关系。

二、最新发展

当新冠病毒大流行时,2020年,国际标准化组织开始制定紧急医疗设施建设指南,以及非接触式交付和云厨房服务指南,扩展现有技术委员会工作的建议,包括旅游——预防新型冠状病毒传播的措施(TC 228)、设施管理——工作场所防疫应急管理指南(TC 267)、食品安全——紧急情况或危机指南情况(TC 34)、医疗保健组织管理——免下车传染病筛查(TC 304)和职业健康与安全管理——在大流行期间管理安全工作的一般准则(TC 283)。同时,为了控制新冠病毒大流行,国际标准化组织的会议也适应了新的在线形式。

2020年,国际标准化组织成立了许多新委员会,其中包括为石材制定标准的两个技术委员会,一是将标准化金融机构的安全设备和商业组织;二是项目委员会(一个具有高度集中职权的临时委员会),该委员会将制定有助于调查的指导方针,以促进消费者安全。

三、伦敦宣言

国际标准化组织有许多对气候议程至关重要的标准。其有助于积累适应气候变化、量化温室气体排放及推广在环境管理方面的经验。当前,迫切需要采取紧急措施来减少排放并帮助人们适应气候变化。如果没有最新的国际标准,行业和其他利益相关者将无法实现必要的目标。国际标准化组织承诺与其成员、利益相关者和合作伙伴合作,确保国际标准和出版物成功实现《巴黎协定》、联合国可持续发展目标和联合国采取有力行动应对和适应气候变化的呼吁。2021年国际标准化组织大会上签署的伦敦宣言,定义了国际标准化组织对2050年实现气候议程的承诺,国际标准化组织将积极地推动:福斯特对气候科学的积极的考虑和相关的转换在所有新的和经修订的国际标准和出版物开发;促进社会和最易受气候变化影响的人参与制定国际标准;制订并发布行动计划和衡量框架,说明具体行动和举措以及跟踪进展的报告机制。

四、管理体系标准

管理体系是组织管理业务中相互关联的部分以实现其目标的方式。这些目标可能涉及许多不同的主题,包括产品或服务质量、运营效率、环境绩效、工作场所的健康和安全等。

系统的复杂程度取决于组织的具体环境。对于一些组织,尤其是较小的组织,这可能仅仅意味着企业主的强有力的领导,明确定义对每个员工的期望以及如何为组织的整体目标做出贡献,而无须大量文档。例如,在监管有力的行业中运营复杂的企业可能需要大量的文件和控制,以承担法律义务并实现其组织目标。国际标准化组织主要采用专家认可的模式建立管理体系。

国际标准化组织的管理体系标准(MSS)通过指定组织有意识地实施可重复步骤来提高其绩效,实现其目标,并创建一种组织文化,该组织文化本能地参与自我评估、纠正和改进运营的连续循环,通过提高员工意识和领导力来制定流程。

有效的管理体系对组织的好处包括:更有效地利用资源并改善财务业绩;改进风险管理方式,加强对人员和环境的保护;提高改进服务和产品的能力,从而为客户和其他利益相关者带来更大利益。所以,管理体系标准是在全球管理、领导力战略以及高效的流程和实践方面具有专业知识的国际专家达成共识的结果,同时,管理体系标准可以由任何组织实施,无论大小。

五、四大重要管理体系

(一) ISO 9000 族质量管理体系

ISO 9000 族质量管理体系是世界上应用最广的质量管理标准,适用于任何规模的公司和组织。ISO 9001 规定了质量管理体系的标准,并且是该系列中唯一可以通过认证的标准(是组织自愿认定的)。任何组织都可以使用它,无论其活动领域和规模如何。事实上,在 170 多个国家/地区有超过 100 万家公司和组织通过了 ISO 9001 认证。ISO 9000 族标准系列由国际标准化组织技术委员会 ISO/TC 176 及其各个分委员会制定。该标准以大量质量管理原则为基础,包括以客户为中心、高层管理人员的动机和影响、过程方法和持续改进等方面。这些原则在国际标准化组织的质量管理原则中被更加详细地解释。使用 ISO 9001 有助于确保客户获得一致、优质的产品和服务,从而带来更多商业利益。

(二) ISO 14000 族环境管理体系

使用环境管理体系标准可以提高组织的环境绩效。ISO 14001 规定了环境管理体系的标准,可以用于认证。它制定了一个框架,公司或组织可以遵循该框架来建立有效的环境管理体系。它可以用于任何类型的组织,无论其活动或部门如何,都可以向公司管理层和员工以及外部利益相关者提供环境影响正在衡量和改善的保证。ISO 14000 系列标准由国际标准化组织技术委员会 ISO/TC 207 及其分委员会制定,已发布标准的完整列表,请参阅其标准目录。ISO 14001 提供了与环境系统相关的使用指南。该系列中的其他标准侧重于特定方法,例如审计、沟通、标签和生命周期分析,以及应对气候变化等挑战。全球 171 个国家/地区有超过 300 000 项 ISO 14001 认证。

(三) ISO/IEC 27000 族信息安全管理体系

ISO/IEC 27000 系列标准为所有类型的数字信息提供安全保障,并适用于任何规模的组织。ISO/IEC 27000 系列标准是由 ISO 技术委员会 ISO/IEC JTC 1 及其分委员会制定的。对信息安全管理系统(ISMS)提出了要求,ISO/IEC 27000 系列中有十多个标准,使用它们,任何类型的组织都可以管理资产,例如财务信息、知识产权、员工详细信息或第三方委托的信息。与其他国际标准化组织管理体系标准一样，ISO/IEC 27001 认证不是强制性的。一些组织选择实施该标准是为了从它所包含的最佳实践中受益，一些组织则希望通过认证，向客户证明其建议已被采纳。

（四）ISO 45000 族职业健康与安全体系

根据国际劳工组织的数据，每天有超过 7 600 人死于与工作有关的事故或疾病。这就是国际标准化组织职业健康与安全专家委员会制定国际标准的原因，该标准有可能每年挽救 300 万人的生命。该标准的结构与其他国际标准化组织管理体系类似。ISO 45001 建立在该领域早期国际标准（如国际劳工组织的 OHSAS 18001）的成功基础之上。ILO-OSH 指南、各种国家标准以及 ILO 的国际劳工标准和公约。所有组织，无论是公共的还是私人的，营利性的还是非营利性的，无论大小，都会有可能影响健康和安全的危害。所有人都可以因使用符合 ISO 45001 的职业健康安全管理体系而受益，该体系可以进行扩展以满足特殊需求。旨在提高职业健康安全绩效的组织可以利用符合国际标准的职业健康安全管理体系来获得国际认可。

六、国际标准化组织战略 2030

国际标准化组织描述了愿景（我们为什么而做）、使命（我们做什么、如何做）、目标（为实现国际标准化组织的使命和愿景需要达到的目标）、优先领域（ISO 需要集中资源达成目标的领域），任务是关注成员和利益相关方，应对全球挑战。国际标准化组织所制定的标准支持全球贸易，推动包容和公平的经济增长，推动创新并促进健康和安全，以实现可持续的未来，给我们的工作提供保障，让生活更轻松、更安全、更美好。2030 年的目标是：打造无处不在的国际标准、满足全球需求、倾听所有的声音。优先领域在变革驱动因素的背景下，包括展示标准的益处、创新以满足用户需求、提供市场需要的标准、抓住未来国际标准化的机会、增强成员的能力和提高国际标准化组织体系的包容性和多样性。

第三节　世界贸易组织规则

世界贸易组织规则是当前国际贸易中各经济主体行为的根本原则，是当前国际经贸体系中最重要、影响力最大的普遍性规则。世界贸易组织规则基本涵盖了国际贸易的所有领域，并随世界经贸体系和制度变革而不断更新，对解决国际贸易争端、促进世界经济平稳发展发挥了重要作用。

一、世界贸易组织概述

世界贸易组织（World Trade Organization，WTO）成立于1995年，是当代国际经贸体系中最主要的国际组织和协调机制，是处理国家间贸易规则的唯一全球性国际组织[1]，其前身为1947年10月30日成立的关税及贸易总协定（General Agreement on Tariffs and Trade，GATT）。WTO以协调国际贸易关系及贸易争端为基本职能，是当代全球治理和国际机构体系中极为重要的组成部分。

第二次世界大战后期，英美等国曾提议建立国际贸易组织，但美国参议院以联合国贸易和就业会议达成的《哈瓦那国际贸易组织宪章》（*Havana Charter for an International Trade Organization*）限制了美国的立法主权为由拒绝批准该宪章，国际贸易组织因而流产，关税与贸易总协定在相当长的一段时间内扮演了"准国际贸易组织"的角色。关税与贸易总协定的主要主张包括非歧视原则、公平竞争原则、以关税保护贸易并通过谈判逐步降低关税、禁用行政手段限制外国与本国商品的竞争，并对发展中国家的利益予以保证。通过8轮多边贸易谈判，于1986年9月至1994年4月在乌拉圭的埃斯特角城进行的关税及贸易总协定部长级会议即"乌拉圭回合"（Uruguay Round）谈判上达成了建立WTO的共识。在WTO正式成立后，关税与贸易总协定演化为其多边贸易协定，为进行区分，学界称WTO成立前的关税与贸易总协定为关税与贸易总协定1947，而由WTO负责实施管理的为关税与贸易总协定1994[2]。

应运而生的世界贸易组织协定（WTO Agreements）涉及WTO各项协议和

---

[1] 世界贸易组织官方网站，https://www.wto.org/.
[2] 薛荣久. 世界贸易组织概论[M]. 北京：清华大学出版社，2018.

规则，涵盖货物、服务、知识产权、争端解决、区域性贸易协定等数个国际贸易议题，而各项协议和规则的制定与实施均遵循世界贸易组织的基本原则，即非歧视原则、贸易自由化原则、允许正当保护原则、稳定贸易发展原则、促进公平竞争原则、鼓励发展和经济改革原则、允许区域性贸易协定原则、例外与免责原则和透明度原则，在很大程度上继承了此前的政策主张，同时进行了意义积极的规则创新。世界贸易组织协定的存在，保证了世界贸易组织在促成稳定国际贸易关系过程中的能力。

当前，世界贸易组织的主要目标在于通过消除国际贸易中的歧视待遇和关税等贸易壁垒，实现成员间的互惠互利[1]，其成立至今，对促进世界经济和国际贸易健康有序发展，解决全球性、区域性和国际性贸易争端，指导建立健全地区经贸规则起到了不可替代的重要作用。张磊和卢毅聪整理世界贸易组织数据库得知，世界贸易组织成立的25年时间里（1995年至2020年），全球商品总出口额和总进口额分别上涨到17.618亿美元和17.828亿美元，涨幅均超过230%，商业服务总进出口额也都增长了近一倍[2]。

中国自2001年正式加入世界贸易组织以来，在世界贸易组织框架下广泛与世界各主要经济体开展合作，在世界经济中的地位稳步上升，同时推动了全球经贸规模扩大和环境优化。但2008年全球金融危机后，特别是美国特朗普政府以来，贸易保护主义和逆全球化趋势盛行，加之自2019年末开始发生全球性新冠肺炎疫情，世界经贸体系受到严重冲击。同时，随着中国等发展中国家国际政治地位和经济发展水平的提高，以及数字贸易等新型业态的迅速发展，现行的世界贸易组织规则已不能完全适应最新的发展趋势，导致世界贸易组织的职能履行能力显著下滑。如何在世界贸易组织框架下建立起更适应当前形势的新型贸易规则，已成为当前世界经济和国际贸易学界的重要议题。

对于世界贸易组织协议与世界贸易组织机制的相关内容，学术界已进行

---

[1] 世界贸易组织概论[M].北京：北京师范大学出版社，2018.
[2] 张磊，卢毅聪.世界贸易组织改革与中国主张[J].世界经济研究，2021（12）：22-29+132.

了大量系统、详尽的整理。本文根据相关研究、报道①②③④⑤和其他公开资料，归纳如下。

二、世界贸易组织协议

"乌拉圭回合"谈判最终形成的《马拉喀什建立世界贸易组织协定》居于世界贸易组织协议与法律体系的主导地位，是世界贸易组织的基本法，包括序言、16条条文及4个附件，广泛地涵盖了国际贸易的各个具体领域。《马拉喀什建立世界贸易组织协定》的4个附件的内容极为宽泛，与后续不断更新完善的世界贸易组织新协定、新规则共同构成了世界贸易组织协议体系的核心。作为行使职能的法律依据，世界贸易组织的各项协定和协议遵循了其在国际经贸实务中主张的基本原则，对各成员经济体在全球经贸领域合作的开展提供了指导和约束。

（一）世界贸易组织协议的基本原则

1. 非歧视原则

世界贸易组织的非歧视原则即非歧视待遇（Non-discrimination）原则、无差别待遇原则，该原则要求世界贸易组织各成员在贸易过程中不得采取对不同类别货物的歧视性措施，主要包括最惠国待遇和国民待遇。

最惠国待遇（Most Favored Nation Treatment，MFN）指世界贸易组织缔约成员需在货物服务贸易、知识产权和投资措施领域将关税减让等各类优惠待遇立即和无条件地提供给世界贸易组织缔约方，使世界贸易组织各成员可以平等地、不受歧视地享受消除贸易壁垒政策带来的利好。

在最惠国待遇原则下，世界贸易组织缔约成员既具有最惠国待遇带来的权利，也需履行向其他成员提供优惠待遇的义务。为保证最惠国待遇可以使各缔约成员具有法律层面的对等地位，在世界贸易组织成员给予其他经济体

---

① 世界贸易组织概论[M]. 北京：清华大学出版社，2018.
② 世界贸易组织概论[M]. 北京：北京师范大学出版社，2018.
③ 世界贸易组织（WTO）及其基本规则概述[J]. 钢管，2000（04）：52-53.
④ 世贸组织成员关税减让的基本义务，http://finance.sina.com.cn.
⑤ 鼓励发展和经济改革原则，https://baike.baidu.com/item/%E9%BC%93%E5%8A%B1%E5%8F%91%E5%B1%95%E5%92%8C%E7%BB%8F%E6%B5%8E%E6%94%B9%E9%9D%A9%E5%8E%9F%E5%88%99/12743904?fr=aladdin.

的优惠待遇时，受惠的标的必须是同类产品或服务等。同时，由于最惠国待遇将非世界贸易组织成员排除在外，相当于增强了世界贸易组织对各经济体的吸引力，促进了主要的国际经贸活动被纳入世界贸易组织框架内进行，同时在很大程度上避免了出现在其他全球性公共产品中屡见不鲜的"搭便车"现象。

国民待遇（National Treatment，NT）指世界贸易组织成员给予其他成员在货物服务贸易、知识产权等层面的优惠待遇，应不低于给予本国（地区）的在货物服务贸易、知识产权等层面的优惠待遇，两者不应有任何差别，且世界贸易组织成员给予其他成员的优惠待遇可以优于其给予本国（地区）的优惠待遇。国民待遇的实施目的主要包含两方面，一方面使世贸组织成员从其他成员进口的商品享受同等的市场流通待遇，另一方面则是为承担关税减让义务创造有利条件。

2. 贸易自由化原则

贸易自由化原则是世界贸易组织协议最重要的基本原则之一。贸易自由化原则充分反映了世界贸易组织的现行目标，以减少贸易壁垒为手段扩大成员间的贸易规模，放宽乃至消除市场准入限制。贸易自由化的特点可以概括为以下6个方面：

（1）以贸易共同规则为行事基础。是缔约成员推进贸易自由化的法律依据，是世界贸易组织的各类协定和规则的基础。

（2）以减少贸易壁垒和放宽服务市场准入为核心目标。其中，减少贸易壁垒指削减关税壁垒以及知识产权等非关税贸易壁垒（Non-Tariff Barriers，NTB），放宽市场准入指弱化缔约成员对其他成员服务供应商在股权、经营权等方面的制约。

（3）以多边贸易谈判为主要手段。缔约成员通过进行多边贸易谈判，达成共识并做出相关承诺，在货物贸易和服务贸易领域通过履行承诺减少贸易壁垒和限制。

（4）以争端解决为重要保障。强制性的贸易争端解决机制保障了缔约成员对世界贸易组织贸易自由化原则的主动遵守和积极维护，缔约成员需依据裁决结果履行相关责任，否则将受到由世界贸易组织授权的申诉方贸易报复。

（5）以贸易救济措施为必备选项。例外条款等贸易救济措施，对推行贸易自由化原则有重要意义。由于各国的经济贸易发展水平不一，贸易自由化原则可能会带来一定的负面影响，相关救济措施的施行，可以有效保障缔约成员的合法权益不受贸易自由化原则影响。

（6）以过渡期体现对差异化的包容。与贸易救济措施同理，由于各缔约成员的经济发展水平存在差异，世界贸易组织在推行贸易自由化过程中，一般允许发展中国家拥有更长的过渡期。

3. 允许正当保护原则

允许正当保护原则可以理解为是非歧视原则的例外。出于对各缔约成员之间发展水平不均衡、适当保护发展中成员正当利益的考虑，世界贸易组织允许发展中国家通过谈判等手段对自身贸易利益进行正当保护，即允许正当保护原则。

允许正当保护原则体现在世界贸易组织对发展中成员优惠的各个方面。例如，世界贸易组织发展中成员的关税水平可以高于发达成员，且做出的关税减让水平可以低于发达成员：在1986年"乌拉圭回合"开始时，世界贸易组织发展中成员的关税水平高出发达成员平均水平10%左右；"乌拉圭回合"谈判期间，世界贸易组织发达成员承诺降低37%的关税，相比之下，发展中国家做出的关税减免承诺的水平仅为4%。不过在世界贸易组织正式成立后，对发展中成员的关税减免的宽松程度有所降低，发展中国家的税目受约束比例从22%上涨到72%，而约束税率下的进口产品总额所占比例也从14%上涨到近60%，但总体而言，发展中成员的利益仍受到了允许正当保护原则的保护。

允许正当保护原则主要包含三方面，即货物贸易领域的鼓励关税措施（例如非关税贸易壁垒的关税化）、非开放服务行业领域对国民待遇原则的不适用性，以及知识产权领域的贸易合规性。

4. 稳定贸易发展原则

稳定贸易发展原则与世界贸易组织建立的基本目标有直接联系。世界贸易组织框架下的多边贸易体系为全球各种类型的贸易参与主题创造了具有充分保护和优惠的经济环境，通过世界贸易组织的各项政策法令，对贸易行为的规范性进行规制,进而确保贸易参与方取得合法的经济效益,而供应链中的最终消费者可以获得较高的消费性价比,创造出全球贸易稳定向好发展的局面。

为了履行稳定贸易发展原则,培育和维护好健康的全球贸易环境,除强调关税减免这一基本措施外,世界贸易组织同样重视各缔约成员对开放义务尤其是服务市场开放义务的承诺,以同时规范缔约成员在服务贸易领域的行为合规性。此外,按照世界贸易组织《与贸易有关的知识产权协定》(Agreement on Trade-Related Aspects of Intellectual Property Rights,TRIPs),各缔约成员还必须加强对贸易过程中知识产权的法律保护力度。

5. 促进公平竞争原则

促进公平竞争原则与世界贸易组织协议的宗旨相顺应。促进公平竞争原则旨在规避缔约成员的扭曲市场竞争的行为,从而反对贸易保护主义,确保全球贸易的自由化,以创造覆盖贸易各个领域的公平、公正、公开的市场环境,这与世界贸易组织协议的贸易自由化原则、稳定贸易发展原则等具有一定的共性。

促进公平竞争原则制约世界贸易组织缔约成员在货物贸易、服务贸易、知识产权、政府采购等多个领域的贸易行为(同时包含私营贸易和国营贸易),主要是缔约成员的不合理补贴和倾销行为。根据世界贸易组织《反倾销协议》和《补贴与反补贴措施协议》,当某一缔约成员(出口方)的补贴或倾销行为对另一缔约成员(进口方)的国内产业发展造成了实质性的损害,该正当利益受损害的成员可以依据有关规定采取反倾销、反补贴措施,即对出口方的贸易产品征收反倾销反补贴税。反倾销反补贴税旨在保护进口方缔约成员发展国内产业特别是工业领域的正当权益。

同时,促进公平竞争原则也注重维护多边贸易体制的总体公平,因而也依据各相关规定对征收反倾销反补贴税等各类贸易保护行为的适用范围和程序进行了严格限定。例如,进口方对出口方征收的反倾销反补贴税,总额不得超过出口方的倾销或补贴数额;再例如,根据《与贸易有关的知识产权协定》,缔约成员在专利转让费涉及公众利益的情况下,一旦发现转让费过高,可以进行强制转让。

6. 鼓励发展和经济改革原则

为了确保缔约的发展中成员可以尽快达到履行相关义务的目的，世界贸易组织鼓励和引导发展中成员发展经济并进行经济改革，并给予相应的优惠政策，在这方面继承了关税和贸易总协定时期的部分原则。鼓励发展和经济改革原则即体现了世界贸易组织一直倡导的"普惠制"。

该原则主要体现于世界贸易组织在农产品关税减免、外商投资等领域允许发展中成员拥有更长的过渡期以达到履行全部义务的条件方面。这一原则具有显著的合理性，由于在"乌拉圭回合"的后期，各发展中国家履行贸易自由化相关义务的条件虽然已经比较成熟，但仍有部分最不发达国家能力并不充足，因此该项原则最终以部长会议的决议形式获得了通过。

在组织机构层面，世界贸易组织专门设立了贸易与发展委员会，专司对发展中成员予以贸易层面的相关支持性政策。

7. 允许区域性贸易协定原则

区域性贸易协定被认为是一种有效实现世界贸易组织贸易自由化原则、消除市场主体间贸易关税和其他非关税性贸易壁垒的有效手段。根据世界贸易组织的定义，区域性贸易协定包含关税同盟和自由贸易区，而无论何种形式的区域性贸易协定，都必须遵循一项重要标准，即在新的区域性贸易协定设立后，各项关于协定缔约成员的对外贸易约束都不得比该协定建立前更加严格。此外，区域性贸易协定在有效期设置上需要有向世界贸易组织合理解释，并定期接受世界贸易组织的监督。

时至今日，符合世界贸易组织政策法规要求和其各项主张的 RTA 已成为全球贸易体系中的重要组成部分，如何实现 RTA 和相关经贸平台管理上的优化，并调和多边贸易体制与各国具体贸易需求的矛盾，已成为学术界热议的重点。

8. 例外与免责原则

例外与免责原则主要为对非歧视原则的"例外和免责"。与前述诸多条款的主张一致，世界贸易组织在其相关协议中推行例外与免责原则的主要原因同样是照顾各发展中成员或特定条件下无法支持其全面履行非歧视、贸易自由化原则措施的成员，从而创造较为公平的贸易环境。

从构成条件上来讲，例外与免责原则多出现于下面几种情况。

（1）一般例外。一般例外分两个方面，首先是货物贸易领域的一般例外，根据关税与贸易总协定1994第20条，10项一般例外措施分别涉及公共道德、人类和动植物的生命健康、贵金属进出口、与协定本身不相冲突的法律法规遵守问题、监狱囚犯产品、文物保护、非可再生性资源的保护和限制消费等[①]；其次是服务贸易领域的一般例外，其适用情况与货物贸易的一般例外较为相似，具体遵循《服务贸易总协定》(General Agreement on Trade in Services, GATS)的有关条款。

（2）安全例外。世界贸易组织对于缔约成员在面临外交和战争风险时的义务履行也进行了规定，在此情况下，缔约成员可以不履行世界贸易组织的有关规定，即安全例外。在是否引用安全例外的问题上，世界贸易组织各缔约成员均具有较为自由的裁量权。

（3）区域性贸易协定例外。一般而言，RTA对缔约成员国具有的相关优惠安排，非缔约成员无权享受。世界贸易组织的例外原则允许相关情况的存在，以此作为利用RTA推动降低总体关税水平的手段。

（4）发展中成员特殊和差别待遇例外。该原则是对关税与贸易总协定1947体系中"授权条款"的继承，也是世界贸易组织给予发展中成员更长的过渡期等一系列优惠措施的原因，在该原则下，世界贸易组织发展中成员的发展利益得到了有效保护。

（5）边境贸易例外。对毗邻两国边境的地区、边境线两侧各15公里范围内的居民和企业，其参与的贸易活动所享受的各种优惠在世界贸易组织框架下对不存在相关情况的成员国不具有适用性，成为边境贸易例外。

（6）保障措施。保障措施指随着特定世界贸易组织缔约成员某种商品的进口量增加，对其国内的相关产业发展造成了明显不利影响时，无论该成员为发达成员或发展中成员，都可采取一定程度的贸易保护措施，例如进行数量限制，或取消对相关产品的关税减免措施。在适用保障措施的情况下，采取相关措施的世界贸易组织缔约成员需要确保其保护性举措不针对特定国家，

---

① 对外经济贸易合作部国际经济关系司译.世界贸易组织乌拉圭回合多边贸易谈判结果法律文件[M].北京：法律出版社，2000：455-456.

而是以特定产品为标的。

（7）国际收支平衡例外。国际收支平衡例外允许世界贸易组织缔约成员在其国际收支出现严重困难的情况下暂时取消其对其他成员在货物贸易和服务贸易领域的优惠政策，而在其国际收支重新平衡后则应恢复。各世界贸易组织缔约成员国均可向世界贸易组织理事会提出相关申请，其中发展中成员被允许可以进行充足的外汇储备，因此国际收支平衡例外情况的申请条件更为宽松。世界贸易组织理事会需在接到申请的90天内进行讨论并提交部长级会议进行决定，其间还需听取国际货币基金组织（International Monetary Fund，IMF）的权威意见。

9.透明度原则

透明度原则规定了世界贸易组织缔约成员的几项涉及信息披露的重要义务：公开自身关于各项贸易措施的实施和变化情况、参与的与贸易相关的国际协议等，即与贸易有关的政策变化，无论涉及缔约成员的国内法律法规，还是其参加的国际协定，都需保持充足的透明度。对于未公开、未向WTO通报的各项措施，不准予实施。

从义务履行程序角度来说，透明度原则包含两层含义：第一，在法律法规和相关政策实施之前，必须先对其进行公开；第二，相关法律法规和政策实施后，仍需要公开其实施情况。需公开的主要内容包括海关、进出口、检验检疫、外商投资、外汇、服务贸易、知识产权、自由贸易区/经济特区建设等与一国国际贸易紧密相关的各项政策及法律法规。

从公开程序上来讲，执行透明度原则的通报程序包含缔约成员主动进行的定期通报、不定期通报，不定期通报如按《技术性贸易壁垒协议》要求成员国对新通过的技术即时通报，以及其他成员对特定成员应定期或不定期通报但未予通报的内容，进行"反向通报"。

（二）世界贸易组织协议的具体内容

《马拉喀什建立世界贸易组织协定》，特别是其4个涵盖范围极广的附件是当前世界贸易组织协议的核心内容。4个附件分别为附件1A、附件1B、附件1C和附件4，其中前三个附件属于世界贸易组织缔约成员必须遵守的，而附件4仅约束签署了该附件的成员国。

从协议内容上来说，附件1A为货物贸易多边协定，主要包括关税与贸易总协定1994，以及有关农业、卫生检疫、纺织品和服装、技术性贸易壁垒、与贸易相关的投资措施等领域的具体协定，例如《服务贸易总协定》《与贸易有关的知识产权协定》等，是最重要的附件之一。附件1B和附件1C则主要为《关于争端解决规则与程序的谅解》(*Understanding on Rules and Procedures Governing the Settlement of Disputes*，DSU)和《贸易政策审计机制》，附件4则包含《政府采购协议》等。关于世界贸易组织的协议类型和相关内容见表5-6。

表5-6 世界贸易组织协议的类型和相关内容

协议类型	具体协定	具体协定的主要内容
货物贸易领域	《农业协议》	削减对农产品的生产、出口补贴，削减农产品进口关税，扩大农产品市场开放
	《国际纺织品贸易协议》和《纺织品贸易协议》	设立纺织品监督机构，禁止世界贸易组织缔约成员对服装和纺织品增加新的数量限制
	《信息技术协议》	将计算机等六类电子产品的贸易关税逐步降低，最终消除电子产品的贸易关税
服务贸易领域	《服务贸易总协定》	对规定的12个服务贸易部门，如商务服务、通信服务、建筑和相关工程服务等，以最惠国待遇原则、国民待遇原则、透明度原则等为基准，通过贸易谈判等形式，逐步扩大服务贸易市场开放
贸易知识产权领域	《与贸易有关的知识产权协议》	对各国与进出口贸易相关的知识产权，如版权、商标权、地理标识权等进行了相关规定
贸易自由化领域	《贸易便利化协议》	加快过境货物的物流、清关等程序
非关税措施	《实施卫生与植物卫生措施协议》	为保护（贸易过程中）人类和动植物的生命健康而采取的相关措施
	《技术性贸易壁垒协议》	制定和运用技术性措施的注意事项，相关的评定程序和审议制度
	《原产地规则协议》	对国际分工背景下原产地的认定作了相关规定
	《海关估价协议》	对贸易过程中的海关估价进行了相关规定，例如规定进口货物成交价格应为货物销售到进口国时的实付或应付的完税价格
	《货运前检验协议》	对贸易双方特别是进口方政府在检验货物的非歧视性上作了规定
	《进口许可程序协议》	包含及时公布信息、简化相关手续等一般规则，以及进口许可证制度等相关规定
	《与贸易有关的投资措施协议》	对各国与进出口贸易相关的投资措施进行了相关规定

续　表

协议类型	具体协定	具体协定的主要内容
贸易救济措施	《反倾销措施协议》	对出口国倾销行为的认定、倾销行为造成进口国损失的认定、采取反倾销措施的相关程序等作了明确规定
	《反补贴措施协议》	对出口国补贴行为的认定、补贴行为造成进口国损失的认定、采取反补贴措施的相关程序等作了明确规定
	《保障措施协议》	对缔约成员暂停履行世界贸易组织相关义务的情形进行了规定
其他特定领域贸易	《政府采购协议》	对政府采购方面的采购实体、采购对象、采购方式和采购限额等内容进行了规定
	《民用航空器贸易协议》	适用于民用航空器及全部相关产品的贸易，对关税减让和技术性贸易壁垒等内容作了规定

三、世界贸易组织机制

（一）世界贸易组织的主要职能

1. 制定、规范并保障实施框架内的全部多边贸易规则和协定

世界贸易组织框架下的协议、协定均是为规范全球多边贸易体制而设定的，涵盖面非常广泛，几乎对所有国际贸易过程中可能出现的情形均作了较为详细的规定。而除去制定和完善相关的多边贸易规则外，世界贸易组织还需要为相关规则和协定在国际贸易领域的具体实施创造保障性和便利性条件，这也是世界贸易组织的基本职能之一。

2. 组织和保障多边贸易谈判

世界贸易组织负责组织展开的多边贸易谈判，除了就"乌拉圭回合"达成的相关协议的具体内容进行的谈判，还包括作为世界贸易组织最高权力机构部长级会议做出决定进行的新一轮多边贸易谈判等。由于多边贸易谈判是世界贸易组织实施和完善其协议机制体系的必由之路，因此组织和保障多边贸易谈判同样是世界贸易组织的一项重要职能。

3. 管理和解决缔约成员间的贸易争端

时至今日，世界贸易组织仍是国际社会和多边贸易框架下覆盖面最广、措施最有效、影响力最大的贸易争端解决机构，越来越多的国家特别是发展中国家都在更加广泛的领域利用世界贸易组织的贸易争端解决机制维护自身正当的国际贸易权益。依据《关于争端解决规则与程序的谅解》，世界贸易组

织建立了专门的争端解决机构,这也是当今世界贸易组织最忙碌、职能最关键、全球贸易体系最依赖的部门和机制。

4.监督和审查缔约成员对各项义务的履行情况

为了监督和审查各缔约成员是否依照各项规定即相应的例外和免责条款履行了自身推行贸易自由化的相关义务,世界贸易组织设立了专门的贸易政策审查机构,依据在世界贸易总额的占比,对于各成员采取了不同标准的定期审查。

5.与其他主要国际组织进行紧密合作

与国际货币基金组织和国际复兴开发银行(即世界银行,The Word Bank)进行紧密合作是《马拉喀什建立世界贸易组织协定》规定的世界贸易组织的重要任务。在1996年,国际货币基金组织已与世界贸易组织达成了合作协定,另外,联合国贸易与发展会议(United Nations Conference on Trade and Development,UNCTAD)也是世界贸易组织合作的主要国际组织之一。在贸易争端解决和促进缔约成员履行相关贸易协定的实践中,由于经常会牵扯到国际金融领域,因此世界贸易组织与各主要的经济领域的国际组织间具有相当紧密的联系。

(二)世界贸易组织的组织结构

为了促使世界贸易组织积极有效履行各项主要职能,依据《马拉喀什建立世界贸易组织协定》的有关规定,在关税与贸易总协定的基础上建立了世界贸易组织的主要组织。除了特定的履行细分职能的各类机构,世界贸易组织的主要机构还包括部长级会议、总理事会、争端解决机构、各委员会,以及秘书处及其总干事。

1.部长级会议

部长级会议是世界贸易组织最高权力机关,具有设立贸易与发展委员会、任命总干事等一切与世界贸易组织职能相关的职能。按照相关规定,世界贸易组织部长级会议应两年举办一次。由于世界贸易组织部长级会议对于所有涉及多边贸易的相关问题都有讨论和制定相关决议的能力,其在世界贸易组织组织结构中居于核心地位。

2. 总理事会

在部长级会议休会期间,世界贸易组织总理事会承担起相应职能,特别是承担争端解决和贸易政策审议的职责。总理事会的会议召开时间相对比较灵活,一般每年召开6次左右的总理事会。

3. 争端解决机构(Dispute Settlement Body,DSB)

争端解决机构隶属于世界贸易组织部长级会议。由于解决各缔约成员之间的贸易争端是世界贸易组织最重要的任务之一,因此设置有"上诉机构"和"争端解决专家小组"的争端解决机构承担了世界贸易组织的重要职责。

4. 各委员会和各理事会

作为总理事会的下属机构,世界贸易组织包含贸易与环境、贸易与发展等5大委员会,以及货物贸易理事会、服务贸易理事会、与贸易有关的知识产权理事会。委员会和理事会各司其职,有效保障了世界贸易组织的日常运作。

5. 秘书处及其总干事

总干事经过竞选,由部长级会议任命并规定其权力、职责、任期和服务条件。作为世界贸易组织的最高行政长官,世界贸易组织总干事有权任命秘书处成员,并领导秘书处进行日常工作。总干事的任期一般为4年,可以连选连任,现任世界贸易组织总干事为2021年2月15日当选的尼日利亚籍国际金融和经济学家恩戈齐·奥孔乔-伊韦阿拉。

(三)世界贸易组织的争端解决机制

除定期制定多边贸易规则外,世界贸易组织最经常出现在全球公众视野中的情况往往是其作为多边贸易争端的最主要、最重要协调机构,对各缔约成员在反倾销、反补贴等一系列领域出现的贸易争端予以协调和解决,这充分说明了世界贸易组织的争端解决机制在其机制系统中处于不可替代的核心地位。

《关于争端解决规则与程序的谅解》是世界贸易组织争端解决的基本法律和根本遵循,设立争端解决机构的决定就是出自该法律条文。上诉机构和争端解决专家小组是争端解决机构履行其职能的具体部门,争端解决机构除定期进行会议外,也可以在必要的情况下,应世界贸易组织缔约成员的请求召开特别会议,以寻求协调和解决相关的贸易争端。

从争端解决机制的适用范围来看，除了使用关税与贸易总协定1944中与贸易相关的所有条款，还引入了对《马拉喀什建立世界贸易组织协定》《服务贸易总协定》《与贸易有关的知识产权协议》等世界贸易组织正式建立后投入运用的相关协议协定。除此之外，争端解决机制也有一些特殊的适用范围，例如对于《实施卫生与植物卫生措施协议》等得到明确规定的协议，如果存在与其他协议相冲突之处，在贸易争端解决时可以优先引用这些得到优先性明确规定的协议。

世界贸易组织的争端解决机制具有非常复杂但相对比较高效的争端解决程序：根据《关于争端解决规则与程序的谅解》规定，从争端解决专家小组设立，到最终出台和通过贸易争端相关的报告，一般控制在9～12个月的时间里。在成立争端解决专家小组前，世界贸易组织会引导和鼓励存在贸易争端的双方进行磋商，以寻求在不进入正式的争端解决程序前达成谅解，而一旦磋商时间超过60个自然日，或者起诉方在60个自然日内即认为磋商无法达成，则可进入正式的贸易争端解决程序。

正式的贸易争端解决程序以争端解决专家小组的设立为开始。争端解决专家小组成员应为在相关领域具有资深经验的成员组成，专家小组成员有3到5人不等，其具体人数最终需通过世界贸易组织秘书处指定。在专家小组根据规定时限完成报告后，需将报告首先发送给争端双方。在最终报告形成的20日和60日内，世界贸易组织将分别审议和通过专家小组的最终报告。

如果存在被诉方不履行最终裁决的情况，上诉方可以要求采取补偿代替措施，即被诉方给予上诉方相当于上诉方损失的补偿，例如在关税方面的减让等。而如果补偿代替措施依然无法获得积极成果，上诉方则可采取报复性措施，即申请终止针对被诉方先前采取的一系列优惠政策。

四、世界贸易组织规则发展趋势

世界贸易组织成立至今，已成为维护国际贸易健康有序发展、全球经贸环境总体稳定的重要组成部分，其各项规则的设立、完善和推行对人类社会发展意义深远。但不可否认的是，一方面，在全球性新冠肺炎疫情以及美国自特朗普上任以来推行的单边主义等各种因素的不利影响下，世界贸易组织的履职能力遭遇了严重挑战,其权威性遭到了破坏,致使其贸易规则对全球贸易的约束、规范和引导能力有所下滑;另一方面,随着人类社会科学技术的快速进步,以及各类贸易区域性协定的广泛普及,全球贸易正在出现一系列的新发展趋势和新业态,而世界贸易组织的规则多建立于20世纪,其对于全球经贸领域的新发展新现象的适应能力有所下滑,这一系列因素都决定了,世界贸易组织的规则亟待进一步的完善,以更好地支撑其在国际商贸体系中持续扮演重要角色。

(一)重新平衡发达国家和发展中国家的利益

在世界贸易组织当前遵循的多项原则和履行的多项规则中,均体现了对缔约的发展中成员国的照顾和保护。这一现象长期存在于国际贸易实务中,而发展中国家出于保护自身利益的目的,一直倾向于维护相关原则和规则。与之相反,没有充分从中受益的发达国家则逐步取消对发展中成员的优惠。2020年2月10日,美国贸易代表办公室宣布取消包括中国在内的25个发展中经济体的特殊与差别待遇。这被认为是对中国和其他发展中国家发展权的侵略性剥夺,侵蚀了世界贸易组织框架下的多边贸易规则[①]。

结合2020年1月14日美国、日本和欧盟联合发布的《美欧日第七份三方联合声明》内容来看,可以发现,近段时间,发达国家对于世界贸易组织多边贸易框架下给予发展中国家的优惠政策存在明显不满,这导致对世界贸易组织进行改革的声音经常出现在作为世界贸易组织成员的发达经济体内部,以及部分发达经济体主导的例如国际集团、国际会议中。

但事实上,尽管发展中国家在多边贸易体制下看似取得了一系列优惠,但其正当权益仍然没有得到充分保障。首先,尽管世界贸易组织成立多年,但并非从本质上改变国际分工中发达经济体的经济贸易行为附加值较高而发展中经济体经济贸易行为附加值较低的事实,从人类发展共同利益以及中国提出构建人类命运共同体的角度来讲,世界贸易组织规则对于将经济贸易发展成果惠及全人类的贡献依然是有限的;其次,尽管世界贸易组织本身并没有依据认缴的会费或采取其他形式规定和约束缔约成员的话语权,但与其存

---

① 袁其刚,闫世玲,翟亮亮.WTO"特殊与差别待遇"谈判议题的中国对策[J].经济与管理评论,2021,37(03):123-135.

在紧密合作关系和紧密实际经贸联系的国际货币基金组织和世界银行却以相关形式来决定成员的话语权，并且由于他们的改革进度同样比较拖沓，至今仍没有建立起与实际经济实力（经济总量）一致的成员话语权体系，这在一定程度上阻碍了世界贸易组织规则发挥对全球经贸行为的引导和管束作用。

因此，在未来的世界贸易组织规则变革过程中，如何改善原有规则并且制定新规则，以及适时地、在依据现实情况进行决定并继续维护发展中国家正当发展权益的前提下修改现有规则的适用范围和实施程序，是未来世界贸易组织整体和规则具体改革过程中必须细致考量的问题。就目前来看，关于世界贸易组织及其规则和相应机制的改革方案，发达经济体与发展中经济体的分歧相当显著，世界贸易组织应重视这种分歧，并积极寻求促进合作沟通和相互理解的应对之策。

（二）对争端解决机制采取更多法律和制度层面的保护

2019年12月11日，由于美方对成员遴选工作的一再阻挠，世界贸易组织争端解决机构的工作陷入停顿，这也被视为美国滥用其权力影响国际经济贸易发展格局、以达到自身"美国优先"的单边主义目的的行为之一。2020年4月30日，为确保世界贸易组织的贸易争端解决作用继续得到发挥，欧盟、中国等19个世界贸易组织成员向贸易争端解决机构通报了《依据关于争端解决规则与程序的谅解第25条的多方临时上诉仲裁安排》（Multi-Party Interim Appeal Arbitration Arrangement Pursuant to Article 25 of the DSU，MPIA），从而推动建立了世界贸易组织临时上诉机构，尽管临时上诉机构相比此前的贸易争端解决机制存在一定程度上的制度性缺陷，但预计仍将在一段时间内替代原世界贸易组织争端解决机制的作用[①]。

美国出于满足其自身利益的目的，阻碍世界贸易组织争端解决机制和机构的正常运行，对全球贸易环境所造成的创伤是非常显著的。世界贸易组织成立后，各缔约成员早已习惯于依靠其贸易争端解决机制等规定、规则和机构来解决自身与其他缔约成员之间的贸易争端，在健康有序的发展环境下，各世界贸易组织缔约成员国的自身权益均得到了比较有效的保障，并且使全

---

① 刘瑛.WTO临时上诉仲裁机制：性质、困境和前景[J].社会科学辑刊，2021（04）：80-89+215.

球范围内的多边贸易行为更加规范。美国的一意孤行，严重破坏了现有的多边贸易秩序，对世界贸易组织规则的完善，以及新冠肺炎疫情影响下全球贸易体系的恢复而言，影响是直接且深远的。

鉴于此，在未来世界贸易组织规则的改革过程中，应更多地从规则设立、完善和履行角度，对如何从法律和制度层面保护争端解决机制的正常运行以及争端解决机构的正常运作进行思考和创新。可以考虑对争端解决机制需遵循的透明度规则进行改革，在参与诉讼的双方均同意的情况下，以更为公开的形式，例如利用网络进行公开的书面或口头陈述[1]，从而在规则、程序和制度上给予目前来看较为脆弱的世界贸易组织贸易争端解决机制更多的保护措施，从而最大限度地保障世界贸易组织的正常运行和全球多边贸易体制的长远发展。

（三）进行完善以更适应新的区域性贸易协定格局

近年来，一系列新的 RTA 层出不穷，其中影响力较大的有《全面与进步跨太平洋伙伴关系协定》(Comprehensive and Progressive Agreement for Trans-Pacific Partnership，CPTPP)、《区域全面经济伙伴关系协定》(Regional Comprehensive Economic Partnership，RCEP)、《美墨加协定》(U.S.- Mexico-Canada Agreement，USMCA) 等。一系列新的 RTA 的具体内容和合作目标有一定差异，甚至会有相当不同之处，但制定这些 RTA 的根本动机则是比较一致的，即满足缔约成员的经济贸易利益最大化需求。

世界贸易组织多边贸易体制与 RTA 的关系一直是学术界关注的焦点。理论上讲，只要 RTA 对于世界贸易组织主张的缔约成员间关税和非关税贸易壁垒消除起到了推动作用，就符合世界贸易组织的基本要求，会获得世界贸易组织的支持和鼓励。但在实际操作过程中，尽管部分 RTA 可能的确通过缔约成员间关税降低等手段最大化了缔约成员的经济贸易利益，但却在实质上破坏了世界贸易组织的多边贸易体制。美墨加三方协议就是典型案例。

《美墨加协定》看似促进了北美地区的自由贸易，在很大程度上促进了美国、墨西哥和加拿大之间的贸易便利性，但其实质是美国单边主义，或者说

---

[1] 赵宏.世贸组织争端解决机制 25 年：辉煌、困境与出路[J].国际贸易，2021（12）：4-8.

"小单边主义"[①]的产物。在《美墨加协定》中，加入了针对"非市场经济国家"的毒丸条款，关于如何界定市场经济国家地位，将不再沿用世界贸易组织的界定方法，而这被认为是一项专门针对中国的不合理规定[②]。毫无疑问，美国的这种行为不仅实质上破坏了世界贸易组织在多边贸易体制中的权威性，而且其具有的显著的歧视性同样与世界贸易组织非歧视性原则不相适应，充分反映出《美墨加协定》在实质上与多边贸易体制的不一致。

此外，过多的RTA一定程度上也导致了全球经济和全球供应链的碎片化，从世界贸易组织规则发展和变革的角度来讲，抵消RTA对多边贸易体制的不利影响，可考虑如下两种方案：首先，可以加强世界贸易组织对各类RTA的规范，从而约束和减少RTA的多样性；其次，可以扩大世界贸易组织规则管辖范围为指导思想，将各RTA中具有共性的内容作为一项多边贸易体制的议题，使RTA在一定程度上成为多边贸易体制组成部分。

(四) 持续完善以更适应新的全球贸易发展行业动态

进入21世纪，随着信息技术、生物技术、能源技术、航天技术、数字技术等各类先进技术的快速发展，人类的经济活动愈加丰富，各种新型的国际贸易业态也逐渐产生，而这些新技术、新业态的产生速度，远远超过了贸易规则、贸易体制的革新速度。此外，由于各国的科技、经济、社会的发展水平和发展目标存在显著差异，也在一定程度上影响了适应新的全球贸易发展业态的创新型规则和体制的产生。在未来制定和完善贸易规则的过程中，如何调整发展方向以适应全球经济贸易发展，是值得世界贸易组织投入充足精力予以思考的问题。

以近年来发展迅速的数字经济为例，当前各主要发达国家和以中国为代表的经济实力总体较强的发展中国家都非常重视本国数字经济的发展，并且积极探索进行全球数字贸易的机会。其中，美国是当前全球数字贸易最积极的推动者，这与其在数字技术及相关的信息通信技术、软件技术领域具有的

[①] 沈伟，胡耀辉.美式小多边主义与美国重塑全球经贸体系[J].国际论坛，2022，24（01）：3-24+155.

[②] 翁国民，宋丽.《美墨加协定》对国际经贸规则的影响及中国之因应——以NAFTA与CPTPP为比较视角[J].浙江社会科学，2020（08）：20-29+44+155-156.

显著实力优势具有根本性的联系。

但由于在数字贸易发展的一系列本质问题，例如电子传输究竟是数字贸易的内容还是载体，以及数据的跨境流动是否包含对数据内容的方位等，美国、欧盟、中国等各主要经济体存在较为明显的分歧，因此世界贸易组织框架下的全球性数字贸易规则迟迟未得到建立。实际上，美国和欧盟的数字贸易发展水平虽然都相对较高，但相对于欧盟、美国仍具有显著的技术与行业发展优势，另外欧盟出于自身安全、文化等因素考虑，对于数据的跨境自由流动非常谨慎；中国同样非常注重自身数据存储设备和源代码的安全性，在这种情况下，达成多边贸易体制下的数字贸易规则尚需时日，而这需要世界贸易组织充分履行其组织和保障多边贸易谈判的重要职能，采取更加灵活的方法促进和开展相关领域的贸易协商与谈判。

而除数字贸易外，生物贸易、各类离岸贸易等其他新型国际贸易业态的规则制定和完善同样需要引起高度重视。当前各类 RTA 盛行的原因，除受全球性疫情影响外，还在于部分 RTA 内各成员国经济发展水平、科学技术水平和整体发展目标比较相似，而世界贸易组织各成员国之间的发展水准则存在比较显著的差异，这使得一些新型的、适应新的国际贸易业态发展的贸易规则可以更快地在 RTA 中得到履行。在未来的世界贸易组织规则改革过程中，应充分注意到这一点，借鉴乃至推广已经在 RTA 中得到广泛应用的国际贸易规则，从而为后疫情时代多边贸易体制的恢复和建设提供动力。

附录一 汽车行业质量损失案例表

企业	质量问题	召回数量	召回成本	罚款	股价变化	品牌形象变化	事件结果
高田公司（2019）	为了降低成本，高田公司在气体发生器中使用了硝酸铵，该原料在变质受潮后，极易引起充气发生器爆炸，进射的碎片将对前排乘客造成安全威胁	超3380万辆	与高田合作的汽车品牌商对高田提出巨额赔偿要求	对在美国销售气囊问题安全过程中存在欺诈表示认罪，同意支付10亿美元刑事罚金	2017年8月公司股价下跌近60%	已成为安全隐患的代名词	涉及召回车型太多，公司债台高筑，高田公司于2017年6月申请破产
上汽通用汽车有限公司（2018）	车辆配备的前悬架下控制臂衬套，在受到较大外力冲击时可能发生变形或脱出，极端情况下可能导致车辆失控，存在安全隐患	332.7万辆	上汽集团承担的损失为5亿~8.5亿元	—	受此消息影响，上汽集团最终收盘跌幅达9.83%，创其近3年来最大单日跌幅，一天内市值缩水382亿元	被动召回，公司被打上了逃避责任和不诚信的标签	此次召回对上汽集团本年度经营业绩影响程度为1.5%~2.5%
特斯拉（2018）	车辆动力转向中的一个螺栓在低温环境下，会受到融雪剂的腐蚀，导致转向助力的减小或失效	12.3万辆Model S	免费更换所有早期Model S型号的动力转向螺栓成本	—	特斯拉宣布召回Model S后，股价再度下挫，盘后下跌近3%	自动召回，为车主安全考虑	财务问题加重，公司亏损
丰田汽车（2018）	混合动力系统可能造成熄火	240万辆	免费对存在安全隐患的车辆进行系统升级产生的花费	—	在纽约纳斯达克10月5日的交易中，丰田汽车股价收盘时小幅下跌0.68%	让消费者担心公司混合动力技术的可靠性	汽油混合动力汽车销售受到影响
菲亚特克莱斯勒公司（2018）	导航系统存在缺陷	500多万辆	缺陷汽车软件修复	—	当日菲亚特克莱斯勒在美国股市上市股票股价盘初下挫2.92%，报21.61美元	在汽车品牌可靠性和用户满意度榜单中排名较后	2018年菲亚特销售惨淡

185

续 表

企业	质量问题	召回数量	召回成本	罚款	股价变化	品牌形象变化	事件结果
马自达公司(2018)	引擎当中阀门弹簧设计瑕疵问题	64万辆	气门弹簧导致的车辆召回成本将高达550亿日元（约4.838亿美元）	—	—	打击消费者信心	马自达当年财报显示第二季度亏损22亿日元（1 940万美元）
三菱汽车公司(2016)	油耗造假，存在违规的汽车在接受正规测试时油耗会增加5%至10%左右	62.5万辆	三菱汽车补偿费用总额预计达650亿日元	—	一经爆出，三菱汽车股价崩盘。从4月20日14:00到15:00，一小时内，三菱汽车在东京证券市场爆跌约15%，成为十多年来以来最大跌幅。4月20日一天，按照三菱9.8344亿股发行总量，市值缩水约7 210亿日元，约合66亿美元	本来品牌的信誉就不高，这下对于用户的伤害又加深了	涉及召回将导致财务危机，日产投2000多亿日元获得三菱汽车30%以上股份，起超三菱重工成为第一大股东
戴姆勒集团(2016)	配备了有缺陷的气体发生器	84万辆	预计将产生3.4亿欧元的花费	可能因此受到3.84亿美元的罚款	2016年6月股票跌幅达21.99%	该失消费者的信任	此次召回将影响2015财年的财务数据，全年净利润将因此下滑至87亿欧元
上海大众(2015)	减配	—	曾经明锐月销过万，然而，2019年1—2月，明锐累计销量不足1万辆，同比下滑52%	—	—	明锐减配导致质量问题频发，消费者不满意度极高	明锐几近天折；野帝作为斯柯达人华首款SUV车型，于2018年停产停售

186

附录一 汽车行业质量损失案例表

续　表

企业	质量问题	召回数量	召回成本	罚款	股价变化	品牌形象变化	事件结果
大众汽车集团（2015）	在所生产的柴油车上安装秘密软件，在平时行驶时检测出造假，这些汽车排放废气检测时达汽车排放污染物，最大可达美国法定标准的40倍	1100万辆	大众汽车因"排放门"丑闻总计已付出了282亿欧元（约327亿美元）的代价。这includes各种罚款及其他处罚，支付给当局赔偿和改装车辆的费用	根据美国《清洁空气法》，每辆违规排放的汽车可能会被处以最高3.75万美元的罚款，总额可高达180亿美元。德国布伦瑞克检察方对大众公司开出了10亿欧元的罚款	法兰克福股市盘中，大众股价一度下跌超过20%，最终收于132.2欧元，跌幅为18.6%，单日市值蒸发超过150亿欧元。次日，股价再次暴跌20%左右，触及4年来的低点	在全球范围内的声誉遭受严重破坏	上任不到一个月的CEO下台，赔付美国、辉腾玻璃工厂关闭，多项新车计划被削减
丰田汽车公司（2019）	转向装置及座椅等问题	639万辆	丰田未透露召回成本，但此次召回规模创下了丰田历来第二的纪录	—	召回声明一出，丰田股票下挫4.9%，每股跌至5 348日元	消费者对品牌整体的产品都丧失信任，导致整个品牌的影响力都被拉低	还暂未影响到丰田目前的盈利状况，但却严重损害了购买丰田产品的消费者的利益
通用汽车公司（2014）	前灯故障以及一个可能导致汽车刹车距离增加的故障	270万辆	第二季度用于召回的费用或将高达2亿美元	—	召回消息公布，通用汽车股价在收盘时下跌1.7%，跌至每股34.36美元	需重建消费者对通用汽车的信心	企业面临召回危机
大众汽车集团（2013）	由于DSG使用的合成油可能引起变速器内部供电线路故障等问题可能引发安全事故	260万辆	有未经大众官方证实的德媒消息早前称，DSG风波致使大众至少损失30亿元人民币	—	—	消费者认为企业缺乏责任感	对大众在国内的销量产生重要影响，也给竞争对手提供了超越大众的机会

187

续 表

企业	质量问题	召回数量	召回成本	罚款	股价变化	品牌形象变化	事件结果
丰田汽车公司（2011）	引擎油管可能存在微小龟裂或接口衔接口存在松动隐患，可能导致漏油	170万辆	丰田公司将因本次召回事件耗资200亿日元（合2.4亿美元）	—	召回的消息曝出后，丰田汽车股价下跌1.7%	给该公司的声誉造成了非常大的负面影响	负面影响至今未消除
丰田汽车公司（2010）	油门踏板在设计缺陷	1000万辆	零配件专家估计每辆被召回的汽车的维修费用大约为25美元至30美元，不包括人工成本。停售带来的损失	被美国罚款12亿美元	东京股市，丰田汽车股价2月3日重挫5.69%，盘中跌至3 400日元，为其近3个月的股价最低点。该公司美国股价1月底至2月初连跌5日，一周内累计下跌15%，市值蒸发250亿美元	损害了丰田"安全、可靠"的形象，给丰田汽车带来的长期对品牌声誉的影响是最大的损失	暂停在美销售相关车型，临时关闭北美制造厂6个汽车制造厂生产线
美国通用汽车公司（2010）	挡风雨刷清洗系统在加入清洗液的状态下被加热可能导致车辆着火	150万辆	通用将支付高达1.5亿美元、实际修理产生的费用，预计第一次召回的支出为2 000万至2 500万美元	—	—	尚难修复因延迟召回事件受损的声誉	召回部件停产
福特公司（1978）	油箱设计有安全隐患	150辆	1亿美元的赔偿清求	2 500万美元罚款	—	企业声誉达到无法挽回的地步	Ford Pinto于1981年永远地退出了市场
三菱汽车公司（2000）	固定在后车轴上的制动管和固定在车身上的制动感载阀在行驶中碰撞和磨擦，从而导致制动油管磨损穿孔、制动液外漏造成制动失效	16.8万辆	2004年5月三菱各类汽车的国内总销售量也比上年同期下降了38.8%，降至该公司1970年创立以来之最低	—	—	顾客的购买意愿下降	三菱汽车的经营举步维艰

188

附录二 食品行业质量损失案例表

企业	质量问题	召回数量	召回成本	罚款	股价变化	品牌形象变化	事件结果
日本朝日食品集团和江崎固力果公司（2018）	部分奶粉加入商品袋中的防止氧化剂氮气量不充分，从而不能保证保质期内的质量	56 158个便携装婴儿奶粉	回收问题奶粉费用，对消费者送还商品相对金额的成本	—	—	让人觉得日本的奶粉质量没有一些人鼓吹的那样好，而且很容易出问题	对"日本制造"产生怀疑
兰特黎斯集团（2017）	部分奶粉疑似感染沙门氏菌，并可能会引起腹泻及发烧	全球召回7 000吨	全部召回产品销毁处理费用、赔偿受害家庭费用	—	—	消费者会对法国的质量管理体系产生一定的怀疑	国家认监委暂停了该集团旗下涉事婴幼儿配方奶粉工厂在华注册资格，法国涉事工厂停产
欧洲（2017）	鸡蛋受杀虫剂污染，大量使用含氯杀虫剂残留，致肝脏损伤，甲状腺功能受损	已经有40个国家的鸡蛋被发现有杀虫剂残留，涉及鸡蛋数量庞大	有数以百万计的鸡蛋从超级市场下架	—	—	被称为欧洲毒鸡蛋	数十个畜禽养殖场被关闭
麦当劳（2014）	被曝使用过期发霉肉、牛肉，将大量过期半月的鸡皮、鸡胸肉等解冻再加工	—	—	—	麦当劳股价逆市下跌1.31%，两天来股价下跌2.76%，市值已经蒸发26亿美元（约161亿元人民币）	消费者的失望情绪逐步蔓延	因被曝使用过期肉，这一供应商已被关闭
美赞臣（2012）	奶粉疑似受到罕见细菌感染	生产批号为ZP1K7G的奶粉	下架该产品，消费者退货或换取其他产品成本	—	次日美赞臣（MJN）的股票一度重跌12.4%，目前跌幅维持在10%左右，沦为标普500指数成分股迄今最大输家	消费者对品牌产生信任危机	2012年10月25日美赞臣（NYSE: MJN）公布的三季度报财报显示，由于中国区市场销售状况不佳使得总收入不及预期，导致全球净利润下降3%
英国食品供应商"第一食品公司"（2005）	生产的部分"伍斯特调料"中含有可能致癌的"苏丹1"型染色剂	包括麦当劳、亨氏和伯爱屋等350多个品牌数百万件食品紧急下柜	英国食品行业因此可能遭受的损失可能超过1 500万英镑	—	—	事件一出，全球哗然	英国食品标准署要求召回相关产品，下架该产品，追究法律责任

参考文献

[1] 张英. 中俄贸易的国际贸易理论实证分析 [J]. 国际经贸探索, 2009, 25（07）: 17-22.

[2] 曹明福, 李树民. 绝对优势和比较优势的利益得失 [J]. 中国工业经济, 2006（06）: 68-74.

[3] 金融危机与我国出口商品比较优势课题组. 后危机时代我国出口商品的比较优势研究 [J]. 商业文化（学术版）, 2010（01）: 96.

[4] 李卫兵, 屈琪, 陈牧. 贸易与环境质量: 基于双比较优势模型的动态分析 [J]. 华中科技大学学报（社会科学版）, 2016, 30（02）: 78-86.

[5] 陈牧. 碳排放比较优势视角下环境和贸易关系的研究 [J]. 中国人口·资源与环境, 2015, 25（S1）: 400-403.

[6] 李哲, 贾汝广. 我国劳动密集型产业如何跳出"比较优势陷阱" [J]. 经济论坛, 2007（09）: 44-45.

[7] 王佃凯. 比较优势陷阱与中国贸易战略选择 [J]. 经济评论, 2002（02）: 28-31.

[8] 李静. 人力资本错配: 产业比较优势演进受阻及其解释 [J]. 统计与信息论坛, 2017, 32（10）: 95-101.

[9] 郭海霞. 国际产业转移视角下资源型地区产业结构优化研究 [D]. 山西财经大学, 2017.

[10] 郭熙保, 张薇. "比较优势陷阱"存在吗？——基于马尔科夫链模型多维动态分析方法 [J]. 贵州社会科学, 2017（02）: 117-126.

[11] 干春晖, 余典范. 中国构建动态比较优势的战略研究 [J]. 学术月刊, 2013, 45（04）: 76-85.

[12] 刘伟丽, 袁畅, 曾冬林. 中国制造业出口质量升级的多维研究 [J]. 世界经济研究, 2015（02）: 69-77+87+128.

[13] 桑百川. 通向贸易强国的必由之路 [N]. 上海证券报, 2015-05-27（A01）.

[14] 王明涛, 谢建国. 自由贸易协定与中国出口产品质量——以中国制造业出口产品为例 [J]. 国际贸易问题, 2019（04）：50-63.

[15] 宋明顺, 杨铭, 余晓, 等. "一带一路"设施联通下的铁路标准体系研究 [J]. 中国标准化, 2018, 523（11）：58-63.

[16] 改革标准供给体系, 推动产品和服务质量提升 [J]. 政策, 2018, 302（01）：31-32.

[17] 郭光远, 樊海潮, 唐正明. 平滑转移空间自回归模型下Ⅳ方法参数估计值的一致性研究 [J]. 统计研究, 2018, 35（04）：117-128.

[18] 祝树金, 钟腾龙, 李仁宇. 中间品贸易自由化与多产品出口企业的产品加成率 [J]. 中国工业经济, 2018（01）：41-59.

[19] 刘畑之, 李晓娟. 中间品进口对制造业创新的影响研究 [J]. 科学决策, 2018（12）：56-73.

[20] 童伟伟. FTA深度对中国中间品进口影响的实证分析 [J]. 亚太经济, 2018（03）：53-60+140+150.

[21] 产品质量认证制度的含义和作用是什么？[J]. 印刷标准化, 1993（03）：42.

[22] 王力舟, 黄冠胜, 杨松, 刘昕, 孟冬. 合格评定程序与国际贸易 [J]. 中国标准化, 2006（02）：15-18.

[23] 周亚敏. 美国强化自由贸易协定中的环境条款及其影响 [J]. 现代国际关系, 2015（04）：1-7+61.

[24] 罗伯特·K. 殷. 案例研究方法的应用 [M]. 周海涛等译. 重庆：重庆大学出版社, 2004：14-16.

[25] 潘苏东, 白芸. 作为"质的研究"方法之一的个案研究法的发展 [J]. 全球教育展望, 2002（8）：62-64.

[26] 付真真. 案例研究方法利用个案探索现象背后的本质 [J]. 图书情报知识, 2010（1）：20-25.

[27] 张杨波. 重构案例研究方法的逻辑：基于受控比较视角下的方法论探索 [J]. 浙江学刊, 201（11）：189-194.

[28] 王宁. 代表性还是典型性：个案的属性与个案研究方法的逻辑基地 [J]. 社

会学研究，200（5）：123-125.

[29] Elmer. M. C. Social Research [M]. New York：Pren2tice Hall Inc，1939：122-123.

[30] 孙海法，刘运国，方琳．案例研究的方法论 [J]．科研管理，2004（02）：107-112.

[31]《内地与香港关于建立更紧密经贸关系的安排》。

[32]《内地与澳门关于建立更紧密经贸关系的安排》。

[33]《中国—智利自由贸易协定》。

[34]《中国—巴基斯坦自由贸易区服务贸易协定》。

[35]《中国—新西兰自由贸易协定》。

[36]《中国—新加坡自由贸易协定》。

[37]《中国—秘鲁自由贸易协定》。

[38]《中国—哥斯达黎加自由贸易协定》。

[39]《中国—冰岛自由贸易协定》。

[40]《中国—韩国自由贸易协定》。

[41]《中国—瑞士自由贸易协定》。

[42]《中国—澳大利亚自由贸易协定》。

[43]《中国—格鲁吉亚自由贸易协定》。

[44]《中国—东盟全面经济合作框架协议》。

[45]《亚太贸易协定》。

[46] https：//www.iso.org/strategy2030.html.

[47] https：//www.iso.org.

[48] 全毅．区域贸易协定发展及其对WTO改革的影响 [J]．国际贸易，2019（11）：52-58.

[49] 戴艺晗．WTO数字贸易政策与区域主义多边化进程 [J]．国际贸易，2021（11）：15-22+43.

[50] 褚童．巨型自由贸易协定框架下国际知识产权规则分析及中国应对方案 [J]．国际经贸探索．2019, 35（09）．

[51] 可致癌的染色剂制成食用色素 英数百万食品被召回, https://news.sina.com.cn/o/2005-02-20/15585150646s.shtml.

[52] 韩剑, 蔡继伟, 许亚云。数字贸易谈判与规则竞争——基于区域贸易协定文本量化的研究 [J]. 中国工业经济, 2019（11）.

[53] 刘伟丽, 陈勇. 中国制造业的产业质量阶梯研究 [J]. 中国工业经济, 2012（11）.

[54] 刘伟丽, 余淼杰, 吕乔. 制造业出口质量升级的跨国比较 [J]. 学术研究, 2017（12）.

[55] 刘伟丽. 国际贸易中的产品质量问题研究 [J]. 国际贸易问题, 2011（05）.

[56] 刘伟丽. 世界贸易组织利益再平衡问题研究 [J]. 财经问题研究, 2012（08）.

[57] 温德成. 从三菱汽车的惨痛教训谈质量意识的强化 [J], 世界标准化与质量管理, 2008（07）.